KB234735

외국인유학생의
한국회사 취업하기

외국인유학생의
한국회사 취업하기

중국인유학생을 중심으로

이창영 외 지음

이담
Books

머리말

　급속한 세계화 추세 속에서 세계 각국은 외국인유학생을 자국으로 유치하기 위해 치열한 경쟁을 벌이고 있습니다. 그 가운데 한국은 외국인유학생 유치에 대성공을 거두어 2011년 유학생 수가 이미 8만 8천 명을 넘어섰고, 우리 정부도 유학생 10만 명 유치를 당면 목표로 설정하여 총력을 경주하고 있습니다. 이는 건국 이래 처음입니다. 외국으로 유학 가는 것조차 어려웠던 시절과 비교한다면, 외국학생이 스스로 한국을 찾아와 유학하는 오늘의 현상은 가히 상전벽해의 변화라고 할 만합니다. 한국의 국가위상이 높아지고 있는 분명하고 명백한 지표의 하나가 바로 유학생 증가라고 할 것입니다. 현재 한국의 외국인유학생 증가 속도는 OECD국가 가운데 단연 1위입니다. 물론 2008년 세계 금융위기 여파로 2010년에는 증가율이 10.5%로 하락하기는 했지만, 한국으로 유학 오는 외국학생은 지속적으로 증가할 것으로 예상됩니다. 이는 한국의 전반적인 위상을 보여주는 의미 있는 통계이자, 한국이 글로벌 교육서비스 국가로 성장할 가능성을 보여주기에 충분한 수치라 할 수 있습니다.

　한국에서 유학을 마친 외국인유학생들의 유학 만족도는 한국회사 취업 여부와 밀접한 관계를 가지고 있습니다. 즉, 졸업 후 한국회사에 취업한 외국인유학생의 만족도가 제일 높습니다. 하지만 국내 대학은 여러 사정으로 유학생에 대한 취업 문제에 많은 관심을 보이지 못하고 있습니다. 반면, 이웃 일본은 유학생 30만 명 유치를 계획하는 단계에서부터 국가차원에서 유학생에 관한 취업알선과 취업교육, 비자발급 간소화 및 일본 내 취업 준비기간 연장 등 적극적인 조치를 하고 있습니다. 우리 정부도 이를 개선하기 위해 많은 노력을 기울이고 있지만 아직은 미흡한 실정입니다. 특히 국내 대학생들의 취업문제가 최대 현안이 되어 있는 현실에서 외국인유학생들의 취업에까지 관심을 가진다는 것은 여간 어려운 일이 아닙니다. 하지만 유학생들의 모국에는 현지에 진출한 우리 기업이 있습니다. 중국의 경우만 해도 7만여 개의 한국회사가 활동하고 있으며, 이들이 제일 선호하는 직원은 한국에서 공부한 중국인유학생들입니다. 취업에 있어 국내로 유학 온 유학생과 현지진출 한국회사를 잘 매칭시켜 줄 수 있는 제도적 장치가 마련되어야 할 것입니다.

한국에서 졸업한 유학생이 한국회사에 취업할 수 있다면, 이는 우리 유학생 정책의 성공을 의미하는 것이며, 이들은 지한파(知韓派)를 넘어 자연스럽게 친한파(亲韓派)가 될 것입니다.

필자는 1993년 1월 베이징대학에서 어학연수를 시작으로 10여 년간 중국에서 유학 생활과 은행 근무를 한 바 있으며, 귀국 후에는 숭실대학교에서 겸임교수로 활동하면서 외국인유학생을 가르치고 있습니다. 중국유학 1세대인 필자는 외국인유학생 특히 중국인유학생들의 취업문제에 많은 관심을 가지고 무언가 역할을 하고 싶었습니다. 한편, 외국인유학생의 취업 여부는 우리의 유학생 정책의 성공 여부를 가늠하는 지표라고 할 수 있습니다. 그러나 한국회사에 취업을 희망하는 외국인유학생들은 취업 관련 정보를 취득하는 데 있어 많은 어려움을 겪고 있습니다. 따라서 유학생들의 이러한 어려움을 극복하는 데 도움을 주기 위해 외국인유학생을 위한 취업가이드를 발간하게 되었습니다.

외국인유학생을 위한 취업가이드 발간은 특정 국가 출신만을 대상으로 할 수는 없지만, 유학생의 대부분을 차지하고 있는 학생이 중국인인 만큼 이들을 중심으로 편집되어 있음을 양해하여 주시기 바랍니다.

본서는 1부에서 한국을 유학 목적지로 선택하는 이유와 유학생 취업제도 등을, 2부에서 업종별 취업전략을, 3부에서 이력서, 자기소개서 작성 및 면접 시 주의사항 등을 설명하고 있습니다. 특히 재학 중인 중국인유학생, 취업에 성공한 중국인유학생, 외국인 채용을 담당하는 인사담당자들의 인터뷰 내용은 독자들에게 취업과 관련한 생생한 정보를 제공할 것입니다. 이 책을 통해 도움을 받을 수 있는 분들은 다음과 같습니다.

1. 한국회사에 취업하고자 하는 재한국 외국인유학생
2. 한국회사에 취업하고자 하는 재외국 한국인유학생
3. 한국회사로 전직을 희망하는 외국인유학생
4. 외국인유학생 취업을 담당하는 국내 대학교 담당자

특히 중국진출 한국 금융회사 취업을 희망하는 중국인유학생들을 체계적으로 돕기 위해서 본서의 출간과 함께 이들을 위한 <중국인유학생 금융 트레이닝 스쿨>을 운용할 것입니다. <중국인유학생 금융 트레이닝 스쿨>은 중국에 진출한 한국 금융회사에 취직을 원하는 중국인유학생을 위해 한국 최고의 금융 교육기관인 금융연수원과 함께 <초급 중국금융전문가 양성과정>을 개설합니다. 우수한 중국인유학생 중 일정한 자격을 갖추고 면접을 통과하면 본 과정에 참여할 수 있으며, 본 과정을 이수한 유학생에게는 중국진출 한국 금융회사 취직을 적극 알선할 예정입니다. 자세한 내용은 부록 6에서 설명하였습니다.

언제나 처음 가는 길은 힘이 들듯이 국내 최초로 외국인유학생을 위한 취업 지침서를 발간하는 작업은 결코 만만치 않았습니다. 아직도 미비한 점, 개선되어야 할 점이 많이 있습니다. 그런 부분은 앞으로 독자 여러분의 피드백을 바탕으로 계속 보완해 나갈 것을 약속드립니다. 아무쪼록 본서를 통해 한국회사에 취업하고자 하는 외국인유학생들이 도움을 받을 수 있다면 더없는 영광으로 생각합니다. 외국인유학생들은 앞으로 해당국가와 한국 간의 교량 역할을 할 중요한 인적 자원입니다. 여러분을 통해 양국 간 교류가 더욱 활성화되고, 발전할 수 있길 기원합니다.

마지막으로 본서가 출간되기까지 필자와 함께 공동 집필자로 활동한 중앙대 홍영성 박사생과 숭실대 추이셴송(崔賢松) 박사생에게 특별한 감사의 뜻을 표합니다. 또한, 많은 격려를 아끼지 않으신 주한 중국대사관의 안위상(安玉祥) 교육참사님, 본서의 핵심이라고 할 수 있는 인터뷰에 참여한 중국인유학생, 한국회사 인사담당자, 중국인 취업자분들께 다시 한번 머리 숙여 감사드리며, 이분들에 대한 감사의 뜻을 책 뒤편에 있는 '감사인사(Special Thanks)'로 대신합니다.

CONTENTS

4. 중국인취업자 인터뷰

Step 3. 취업 프로세스

1. 이력서

Step 1

취업 개황

직업의 세계

1) 제2의 인생은 직업 선택으로 시작

　우리는 직업을 통해 제2의 인생을 살아가게 됩니다. 우리가 어떤 직업을 선택할 것인가 하는 것은 우리의 일생에서 매우 중요한 의미가 있습니다. 직업이 선택되면 우리 삶의 청사진이 거의 완성된 것과 같아서 직업의 선택은 우리 인생에서 가장 중요한 선택 중의 하나라고 할 수 있습니다. 즉, 내가 일할 내용, 만나야 할 사람, 거주 지역, 경제적 보수, 자아실현의 내용과 정도, 사회적 역할 등이 직업의 선택과 함께 결정됩니다. 이처럼 직업 선택은 우리의 인생에서 매우 중요한 의미가 있기 때문에 직업에 대해 충분히 알아보고 선택해야 합니다.

　따라서 우리가 수많은 직업 중에서 어느 것을 선택하고자 할 때는 신중하고도 과학적인 분석을 토대로 하여야 합니다. 그 이유를 보면 다음과 같습니다.

　첫째, 직업 선택을 잘하느냐 잘못하느냐 하는 문제는 본인의 행복에 직결될 뿐만 아니라 자기의 개성 발휘나 자아실현을 위해서 절대적이기 때문입니다.

　둘째, 한 번 선택한 직업을 쉽게 바꾸거나 포기한다는 것은 개인을 넘어 가족 차원에도 대단히 큰 손실을 주기 때문입니다. 즉, 개인이 일단 선택했던 직업을 바꾸거나 포기하면 당사자의 사회적 공헌이나 자아실현이 중단되는 불행을 가져올 뿐만 아니라 그것이 개인과 가족의 안정에도 악영향을 미칠 수 있습니다.

셋째, 직업을 선택했다가 쉽게 포기하는 것은 사회적으로 큰 손실을 끼칩니다. 한 사람을 훌륭한 직업인으로 키워내는 데에는 오랜 시간뿐만 아니라 많은 재원과 경비가 소요됩니다. 그러므로 직장을 쉽게 바꾸거나 포기하는 것은 사회적으로 손실을 끼칩니다.

넷째, 이러한 직장 변경이나 직장 포기는 사회적으로나 기술적 발전에 지장을 가져옵니다. 따라서 직장의 변경이나 포기는 그만큼 국력의 소모이며 사회 역량의 소모를 가져온다는 것을 깨닫고 직업 선택 시 고려해야 할 것입니다.

2) 직업 선택 시 체크리스트

나의 능력을 최대한 발휘할 수 있고 그렇게 함으로써 가장 큰 만족과 행복을 느낄 수 있는 직업을 선택하기 위해서는 무엇이 필요할까요?

먼저 나에 관한 정확하고 충분한 이해가 필요합니다. 즉, 나의 적성, 학업성취도, 흥미, 성격, 가치관, 신체적 조건, 가정환경 및 사회 환경에 관하여 자세히 검토하는 것이 필요합니다. 다음으로는 직업에 관한 폭넓은 탐색과 내가 원하거나 관심이 있는 직업에 관한 구체적이고 면밀한 조사가 필요합니다. 직업에 관하여 구체적으로 조사해야 할 사항은 다음과 같습니다.

구분	조사사항
직업	-직업명은 무엇인가? -그 직업은 어느 직업군에 속하는가? -그 직업과 유사한 직업은 어떤 것이 있는가?
업무내용	-그 직업에 종사하는 사람이 수행하는 일은 어떤 일로 구성되어 있는가? -수행할 직무 중에서 주된 일은 무엇인가?
필요한 자격 및 자질	-그 직업에 필요한 학력과 전공은 무엇인가? -그 직업에서 필요한 직업 훈련이나 자격증은 무엇인가? -그 직업에서 요구하는 경력은 무엇인가? -그 직업에서 어떠한 적성, 흥미, 성격, 가치관, 신체적 조건을 요구하는가? -그 직업에서 요구하는 그 밖의 자질은 무엇인가?
직업의 특성	-임금 및 후생복지는 어떠한가? -안정된 직업인가? -향후 발전성은 어떠한가? -근무시간은 어떠한가? -근무지역 및 근무환경은 어떠한가?

이상의 직업에 관한 정보는 그 직업에 종사하고 있는 사람과의 면담, 그 직업의 실제적인 경험, 그 직업 현장의 견학, 직업과 관련된 서적, 직업 전문가, 기타 취업 관련 기관을 이용하여 수집할 수 있습니다.

3) 10년 후 유망한 직업

한 분야에서 자신의 역량과 전문성을 발휘하며 안정적으로 근무할 수 있는 직업, 이는 모든 취업준비생들의 꿈입니다. 구직자들이 직업을 선택할 때 가장 중요시하는 것이 바로 안정성과 발전성이라고 합니다. 그렇다면 이러한 조건을 갖춘 10년 후의 유망직업은 무엇일까요?

'한국직업능력개발원'과 중국의 '샹양생애연합중국직업계획사협회(向阳生涯联合中国职业规划师协会)'의 발표에 의하면 10년 후 가장 유망한 직업과 직종으로, 한국에서는 투자 및 신용분석가가, 중국에서는 부동산업이 각각 선정되었습니다.

<10년 후 10대 유망직업과 직종>

순위	한국(직업)	중국(직종)
1	투자 및 신용분석가	부동산
2	치과의사, IT컨설턴트	여행, 레저(Leisure)
3	자산운용가, 일반의사	체육, 운동
4	판사 및 검사	컨벤션(会展业)
5	증권 및 외환딜러, 생명과학연구원, 변리사	호텔
6	경영 및 진단 전문가	금융투자
7	기획 및 마케팅 사무원, 인사 및 노사 관련 전문가 회계사, 컴퓨터보안전문가	자동차
8	변호사, 보험 및 금융상품 개발자	전문컨설팅
9	광고 및 홍보전문가, 도시계획가 피부미용 및 체형관리사	환경
10	시스템소프트웨어 개발자	IT(정보통신)

왜, 한국 유학인가?

1) 점차 증가하고 있는 중국인유학생

대학 캠퍼스 안에서 중국인유학생이 그들의 모국어로 대화를 나누거나 강의시간에 한국학생들과 함께 강의를 듣는 모습이 이제는 낯설지 않은 풍경입니다. 2011년 말 기준으로 재한 외국인유학생 수는 총 8만 8,466명이고, 그중 전체의 71%인 6만 3,059명이 중국인이며, 한국계 중국 국적자를 포함하면 6만 5,271명으로 전체의 75%에 육박하고 있습니다. 외국인유학생은 지난 2008년 7만 1,531명을 기록한 이후 2009년 8만 985명, 2010년 8만 7,480명으로 꾸준히 증가한 가운데 중국인유학생 역시 지난 2008년 5만 6,197명 이후 2009년 6만 3,209명, 2010년 6만 6,635명으로 꾸준히 늘었습니다. 통계적으로 한국에서 공부하고 있는 외국인유학생 10명 중 7명은 중국인유학생인 것입니다.

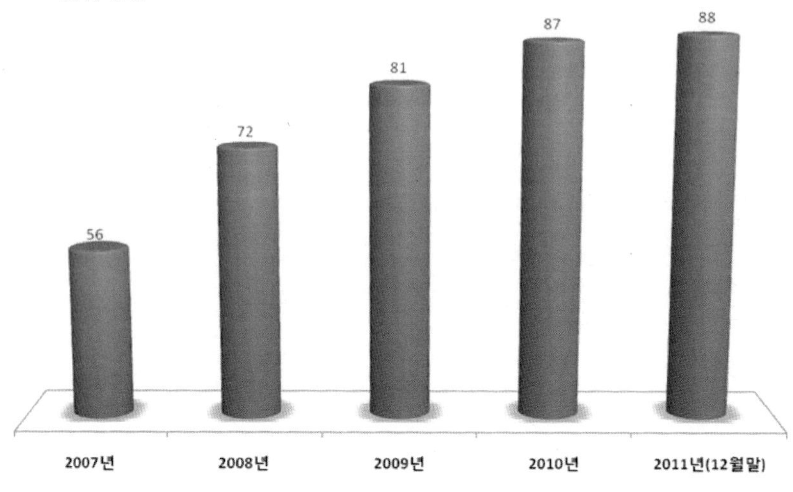

〈연도별 외국인유학생 증감 추이〉

　이러한 현상은 각 대학의 캠퍼스 국제화 및 국내 예비대학생이 해마다 감소함에 따른 대학의 공동화 현상을 막기 위해 교육부 및 각 대학에서 외국학생들을 유치하고자 다양한 정책들을 제시하고 있기 때문입니다. 중국, 베트남, 필리핀 등 아시아 국가들에 한국 교육기구를 설립하여 유학 전 연수를 진행하는가 하면 한국문화와 언어 강좌들을 개설하여 한국의 이미지를 제고시키고 있습니다. 한편으로 전문 사이트를 만들어 교육, 문화 등 분야의 정보를 예비 유학생들에게 제공하고 있으며, 이미 유학을 하는 학생들에 대해서는 기업체와 학교 등에서 실무를 익힐 수 있는 프로그램을 진행함으로써 산학연 합동 교육을 시행하고 있습니다.

2) 한국 유학을 선택하는 이유

과연 중국인들이 한국 유학을 선택한 이유는 무엇일까요?

'2010中国学生留学意向调査'에 따르면, 중국학생들이 가장 선호하는 유학 목적국은 미국, 영국, 호주, 캐나다, 프랑스, 일본 순으로 나타났습니다. 이들 국가에 대한 선호도는 미국(43.0%), 영국 (19.4%), 호주(12.4%), 캐나다(10.7%) 순으로, 주로 영어권 국가인 서구 선진국에 대한 선호도가 높은 편입니다.

중국학생들이 유학 목적국을 결정하는 데 있어 가장 먼저 고려하는 것은 유학 목적국의 교육 수준이며, 그 밖에 중국과 다른 국가분위기, 언어, 이민가능성, 안정성 등입니다. 선호 국가별로 보면 미국을 가장 선호하는데, 그 이유는 높은 교육수준과 장학금 제도를 들 수 있습니다. 그 밖에 영국은 비교적 안정된 교육풍토와 교육시스템이, 호주와 캐나다는 비자취득 및 이민정책이 비교적 까다롭지 않기 때문에 중국학생들을 끌어들이고 있습니다.

〈중국학생 유학선호국 및 실제 유학목적국〉

(단위: 명)

구분	미국	영국	호주	독일	프랑스	캐나다	일본	한국
중국학생 선호 유학 목적국	43.0%	19.4%	12.4%	1.3%	2.7%	10.7%	2.13%	0.2%
중국학생 실제 유학 목적국	110,246 (1위)	45,356 (4위)	67,696 (3위)	-	-	-	77,916 (2위)	30,552 (5위)

그러나 실제 중국학생이 유학하고 있는 목적국 비율을 살펴보면 1위는 미국, 2위는 일본, 3위는 호주, 4위는 영국, 5위는 한국으로 랭크되어 있습니다. 특이하다고 할 만한 점은 선호 유학국의 상위국가가 아님에도 일본과 한국은 실제 유학생 수에서 상위 랭크되어 있다는 점입니다. 한국을 유학 목적국으로 선택하는 이유는 첫째, 중국 내의 한류열풍, 즉 '가을 연가', '대장금' 등 한국 드라마가 중국 안방을 사로잡으면서 중국 유학시장에서 인기 있는 나라로 급부상했고, 한국 기업의 중국시장 진출로 말미암은 일자리 창출, 한중 양국의 지리적 인접성 등 요인이 중국학생의 한국 유학에 결정적인 영향을 미쳤습니다. 둘째, 한국 대학의 적극적인 국제교류 추진을 들 수 있습니다. 1990년대 후반부터 한국의 저출산으로 인한 학령인구 감소와 1997년 아시아 경제위기 여파로 한국 대학 당국은 대학정원 부족과 재정난 문제를 해결하기 위해 중국인유학생이 포함된 외국인유학생을 유치하게 되었습니다. 그리고 세계화 추진 과정에서 대학은 외국, 특히 중국에 있는 많은 대학과 교류하여 자매결연을 하였는데, 그 후 주요 대학의 우수한 중국인 연구자가 한국을 방문하게 되었습니다. 셋째, 한국 정부는 'Study Korea Project'를 시행함으로써 외국인유학생의 유치를 적극 장려하였습니다. 이를 통해 국제사회에서 한국의 역할을 높이고 세계적으로 친한파(親韓派)를 양성하며, 특히 외국인 입국절차를 간소화하고 외국인유학생을 유치하는 대학에 보조금을 지급함으로써 중국인유학생들이 다른 나라에 비해 상대적으로 학비가 저렴한 한국에 오게 되었습니다. 넷째, 중국은 학령인구보다 고등교육기관이 매우 부족하므로 중국학생들은 한국 대학 진학을 결정하게 되었습니다. 현재 재한 중국인유학생 중 약 20% 정도는 중국 국내 수능시험에서 그다지 높은 성적을 얻지 못하고 한국에 유학 중인 것으로 추정됩니다. 이러한 점은 재한 중국학생의 낮은 학업성취도, 빈약한 독립생활능력과 대인관계 등 원인으로 한중 양국의 인적 교류, 특히 양국 청년들의 상대국가에 대한 이해 증진에 부정적인 영향을 미칠 수 있습니다.

3) 유학생활의 애로사항

(1) 언어문제

외국인유학생들이 한국생활과 학업에 어려움을 겪는 가장 대표적인 사례가 언어장벽입니다. 한국어 구사능력은 학업성취를 비롯하여 한국 대학생활에 잘 적응하기 위하여 매우 중요한 요소입니다. 또 언어는 문화를 반영하는 것이므로, 언어를 이해한다는 것은 그 문화를 수용할 수 있는 핵심적 요소가 됩니다. 이처럼 한국어 구사능력은 한국문화에 대한 적응력을 높여서 생활만족도를 높여줄 수 있습니다.

현재 중국인유학생들은 언어장벽 때문에 수강신청을 비롯한 학업 전반에 큰 어려움을 겪고 있습니다. 당초 유학을 올 때에 한국어 선행학습에 관한 기준이 갖춰져 있지 않아, 준비되지 않은 상태에서 한국에 입국함으로써, 적응하는 데 어려움을 겪는 사례가 많은 것으로 조사되고 있습니다. 또한, 한국어 구사능력의 부족으로 억울한 일을 당했을 때 해명할 수 없고, 불이익을 당해도 그냥 참거나, 심지어 사기를 당하는 일 등이 발생해도 이에 대해 적절한 대응책을 찾지 못하고 있습니다.

(2) 학업문제

　중국인유학생들은 유학 전 한국의 대학을 선택할 때, 한국 대학 측이 배포한 학교홍보자료에 의지하게 되는데, 홍보자료에 소개된 대학의 모습과 실제 한국에 와서 느끼는 대학의 실상이 일치하지 않는 경우, 실망감과 함께 학업에도 지장을 초래하고 있습니다. 또한, 장학금 외에 대학생활과 학습에 관한 안내를 제공하는 부서 또는 프로그램이 부족하여 유학생들의 목소리를 듣고 수용할 수 있는 제도적 장치가 빠져 있습니다. 그들은 언어능력의 제한 때문에 수업을 이해하고 적극 참여하는 데 제한이 있고, 시험과 학점관리에서 어려움을 겪고 있습니다. 중국학생들은 수업시간에 그들도 참여할 기회가 있기를 바라며, 시험과 학점에서도 한국학생들과는 다른 일정한 배려가 있기를 기대하고 있으나 현실은 그렇지 못합니다.

(3) 경제문제

　국비장학생으로 학비와 생활비를 받는 경우는 경제적인 어려움이 별로 없지만, 일반 유학생은 학비나 생활비 일부만을 중국의 부모에게서 지원받고 있습니다. 이 경우 유학생들은 경제문제에서 많은 어려움을 겪게 됩니다. 이를 해결하기 위해 상당수 유학생들이 수업 외 시간, 주말시간을 이용하여 아르바이트를 하고 있습니다. 중국인 유학생의 60% 정도가 중국어 교습, 음식점 서빙, 공장 근로 등의 아르바이트를 하고 있지만 유학생들이 도전할 수 있는 아르바이트 종류도 한정되어 경쟁이 치열합니다. 그런데 문제는 이러한 아르바이트가 불법이라는 데 있습니다. 왜냐하면, 관련규정에 의하면 외국인 유학생은 교내에서 자신의 전공과 관련되는 일에만 한정되어 아르바이트를 할 수 있기 때문입니다. 이공계 대학원생은 정부지원연구사업 등에 연구원, 보조요원으로 고용될 수가 있으나, 대체로 보수가 많지 않으며 기회도 많지 않은 편입니다. 그래서 대부분의 학생들이 높은 물가와 생활비에 부담을 느끼고 불법인 줄 알면서도 아르바이트 현장에 나서게 되는 것입니다. 이는 실생활 속에서 한국의 사회와 문화를 경험하는 계기가 될 수도 있지만, 자칫하면 부당한 차별을 당하는 경우가 발생하고, 학업에 열중할 시간을 빼앗기게 됩니다.

(4) 유학동기와 목표

중국인유학생들의 한국 유학은 유학동기에 따라 다르게 나타나고 있습니다. 일부 학생들은 중국에서 대학에 들어갈 성적이 안 되어 한국에서 대학졸업장을 받으려고 왔기 때문에 굳이 한국생활에 적응하려고 하지 않습니다. 그뿐만 아니라 학업생활에 충실하지 않고, 한국사회를 이해하려는 노력도 하지 않으려고 합니다. 불법취업이 목적인 유학생들이라면 적당한 곳에 취업하겠지만, 대부분 유학생들은 한국에서 (또는 한국회사에) 정식으로 취업하려고 생각하고 있으며, 이를 위해 인턴생활도 하고 한국어와 영어 실력을 갖추는 등 취업에 필요한 역량을 가꾸어 나가고 있습니다.

4) 바람직한 유학생활

(1) 성적관리

한국 대학생활에서 취직을 위한 업무의 능력을 갖추지 못한다면 졸업과 동시에 많은 시간을 허비하고 방황할 가능성이 높아집니다. 따라서 학점관리와 전공공부는 대학생활에서 빠뜨릴 수 없는 중요 관문이라고 할 수 있습니다.

대학에서 공부해야 하는 이유는 기본적으로, '대학생다운' 지성과 안목을 기르기 위한 것입니다. 이것은 '학습'으로 포괄되는 모든 지식을 습득해야 하는 이유와도 같은 맥락입니다. 하지만 대학을 졸업하면 취업이 기다리고 있습니다. 다시 말해, 대학은 하나의 종착역이자 정거장인 것입니다. '정거장'으로서 기능을 하기 위해서는 열차에 충분한 연료를 제공해야 하는데, 이 열차가 얼마나 많은 연료를 받는지의 여부는 다름 아닌 열차 그 자신에게 있습니다. 대학이 학생에게 줄 수 있는 혜택에는 제한이 없습니다. 모든 것이 학생의 역량 나름입니다. 그런데도 많은 학생이 이 기회를 놓치고, 좋지 않은 학점으로 졸업한 뒤에야 비로소 후회합니다. 이러한 현실이 버티고 있는데도 그 뒤의 많은 학생들이 또 악순환을 반복합니다. 학점관리는 지식의 습득이라는 관점에서도 중요한 것이지만, '다음 선택을 위한 준비'라는 관점에서도 매우 중요합니다. 그만큼 많은 의미를 포괄하고 있는 대학공부이기에, 학생들은 학점관리에 신경을 써야 할 것입니다.

『학점관리 7계명』

① 수강 시간표가 인생준비 계획표이다

시간표를 짤 때는 공강 시간을 최대한 줄이고 강의 계획서를 꼼꼼하게 읽어 과제와 수업스타일을 파악해 봄으로써 자신에게 맞는 수업인지 아닌지를 판가름합니다.

② 앞자리를 사수하라

앞자리를 선호하는 이유는 교수님과 친밀도를 높이기 쉬우며, 수업에 쉽게 집중할 수 있기 때문입니다.

③ 출석률에 신경 쓰라

출석률은 해당과목과 교수에 관한 관심의 척도입니다. 따라서 가능하면 수업시간 전에 들어가서 수업준비를 하는 것이 좋습니다.

④ 철저한 노트 필기

학점관리 전략에서 핵심이라 할 수 있는 것이, 바로 수업시간에 집중해서 듣고 그 핵심을 노트에 필기하는 것입니다. 노트 필기는 자기만의 방식으로 최대한 알아보기 쉽게, 또 깔끔하게 하는 것이 포인트입니다.

⑤ 과제를 목숨같이 여겨라

또한 리포트는 기한 내에 제출하십시오. 과제를 잘 써서 내면 열심히 노력한 좋은 인상을 줄 뿐 아니라, 시험에서 실수한 부분을 과제로 만회할 수도 있습니다.

⑥ 스터디 그룹을 만들어라

되도록 성실한 친구들과 스터디 그룹을 결성하고, 친분을 쌓으십시오

⑦ 시간관리를 할 때는 가장 중요한 일부터 한다

모래와 자갈, 돌덩어리로 항아리를 채우려면 어떤 순서부터 넣는
게 가장 많은 양을 넣는 방법일까요? 정답은 돌덩어리 → 자갈 →
모래의 순서입니다. 가장 큰 덩어리부터 넣은 뒤 보다 작은 물체로
사이사이 공간을 채우는 것입니다. 시간관리도 마찬가지입니다. 가
장 중요한 일을 먼저 스케줄에 배치한 뒤 우선순위에 따라 시간계획
을 짜도록 합시다.

(2) 동아리 활동

한국에서는 많은 대학 선배들이 후배들에게 '반드시 동아리 활동
을 하라'라고 이야기합니다. 동아리는 학업 못지않게 중요한, 한국
대학생활의 핵심입니다. 동아리 활동을 하는 학생들은 선배와 동기
들 간의 교류를 통해 넓은 인맥을 소유할 수 있으며, 단체생활에 대
한 적응도를 높여 훗날 사회에서도 원만한 대인관계를 유지할 수 있
습니다. 또한, 동아리에 대한 소속감과 회원들 사이의 우정은 졸업
후에도 평생을 함께 갈 정도로 견고하고 돈독합니다.

흔히 동아리 활동이 어디까지나 학교 다니면서 하는 일에 불과하
며 사회나 직장 생활과는 전혀 무관하다는 생각을 하기 쉬운데, 학
생들은 동아리에서 하는 모든 일이 바로 졸업 후 사회생활에서 수행
하는 직무와 똑같다는 것을 명심할 필요가 있습니다.

가령 동아리에서는 매년 3월 학기 초에 활동계획을 발표하는데, 이를 회사생활에 접목해 보면 가장 중요한 신년도 사업계획을 발표하는 것과 같다는 것을 알 수 있습니다. 회사에서는 이를 준비하기 위해 금년도 실적현황 작성과 분석 및 문제점 지적, 개선방안, 신규사업을 포함한 새해 업무계획을 작성합니다. 이러한 계획서는 동아리의 활동계획과 크게 다르지 않습니다. 또한, 동아리 문집과 소식지, 홈페이지 등에서 텍스트를 작성하며 문장력을 키울 수도 있으며 나아가 외부 언론매체에도 실리는 기회가 생기기도 합니다.

학창시절 동아리 활동을 통해 이러한 여러 가지 능력을 충분히 경험한 사람과 오직 공부만 해온 사람과는 많은 차이가 날 것이며, 더욱이 각계에서 활약하는 튼튼한 동아리 선배 네트워크 아래 'know how'와 'know where'에 대한 준비가 되어 있는 신입사원들은 직장생활에서 빛나는 존재가 될 수밖에 없습니다.

동아리 활동이란 기본적으로 계획-실천-반성(Plan-Do-See)을 하는 과정이며, 행사나 일에 대한 자료 수집을 철저히 하여 달성 가능한 계획을 세운 다음에 전원이 목표완성을 위해 온 힘을 다하고 그 결과와 계획을 비교 분석하여 개선자료로 삼는 것이라 할 수 있습니다.

사실 학교 조직 내 동아리는 마치 국제사회 속 하나의 국가와도 같아서 체계적으로 회원들에게 역할을 나눠 분담하고, 그것을 수행하는 회원들의 능력에 따라 개인과 동아리의 위상이 달라지기도 합니다.

자신이 소속된 부서와 위치에서 동아리 발전을 위해 노력하는 과정은 개인의 능력을 계발하는 계기이자, 취업 시 기업이 요구하는 능력을 키우는 기회이기도 합니다. 다시 말해 동아리 활동을 열심히 하는 것은 곧 성실한 취업준비나 마찬가지입니다.

(3) 인맥관리

　　대학생활에서 학점관리나 전공공부는 당연히 중요합니다. 그러나 더 넓게 봤을 때, 인생에서 전반적으로 중요한 것은 학점이나 전공공부보다 더 큰 '무언가'입니다. "사회에서 성공하는 데 가장 필요한 지수는?"이라는 물음에 응답자 중 무려 32.9%가 NQ, 즉 인맥지수를 꼽았다고 합니다. NQ는 'Network Quotient'의 약자이며, 타인과의 공존 가능성을 의미합니다. 인간은 사회적인 동물이기 때문에, 이 NQ가 한 사람의 인생에서 전반적으로 큰 영향력을 끼칩니다. 공존지수가 높을수록 사회에서 다른 사람과 소통하기 쉽고, 소통으로 얻은 것을 자원으로 삼아 더 성공하기 쉽습니다. 최근 들어 사원들에게 이 NQ를 요구하는 기업들이 점점 더 늘어나는 추세라고 합니다. 협동심과 팀워크가 주가 되는 회사생활에서 NQ지수는 빠질 수 없는 기준이 되는 것이지요.

　　『이런 사람, 인맥 관리 실패한다!』
　　① 작은 일을 무시하는 사람
　　'인사 한 번 안 했다고 뭐 어떻게 되겠어?' '말허리 한 번 자른 것쯤이야 실수라고 생각해주겠지?' 이런 생각을 자주하는 사람들이 있다면 지금 당장 고쳐야 할 것입니다. 이런 것이 쌓이고 쌓이면 좋았던 관계마저 틀어질 수 있습니다. 인간관계의 변화는 사실은 아주 사소한 것에서 시작됩니다.

② 험담을 즐기는 사람

뒷말은 NQ 형성에서 매우 치명적이라고 합니다. 험담자가 소속된 대상의 팀워크는 그렇지 않은 대상의 팀워크보다 현저히 낮다는 연구결과도 있습니다.

③ 너무 넓은 오지랖을 가진 사람

일상을 살아가다 보면 알아도 모르는 척, 봤어도 못 본 척을 해야 할 때가 있습니다. 너무 넓은 오지랖을 가진 이들은 타인에게 눈엣가시로 비치기 십상이니 조심하는 것이 좋습니다.

④ 잘 들어주지도 않으면서 자기 말만 하는 사람

경청의 중요성은 우리가 생각하는 것 그 이상입니다. 대화에서 말은 하는 것보다는 들어주는 것이 더 중요하게 작용한다고 합니다. 자신의 의견을 펼쳐야 할 때도 있지만, 무엇보다 다른 사람의 말을 잘 들어주는 태도가 우선시되어야 할 것입니다.

⑤ 상대방이 다가오길 기다리기만 하는 사람

소극적인 자세는 어디를 가도 환영받지 못합니다. 상대방이 다가오기만을 기다리지 말고, 자신이 먼저 마음의 문을 열고 상대방에게 다가간다면 더 넓은 인맥을 형성할 수 있습니다. 이때 무엇보다도 진솔한 마음으로 다가가는 것이 중요합니다.

『인맥관리, 이렇게만 하면 성공한다!』

① 휴대폰을 쉬게 하지 마라!

휴대폰의 배터리를 2~3개 갈아 끼우는 한이 있더라도 시간이 있을 때마다 주위 사람들에게 안부 전화 및 안부 문자를 보내십시오. 남을 먼저 사랑하는 사람이 사랑받는 법입니다. 또, 각종 행사나 술자리가 있고 난 다음 날에 단체 문자가 아닌 개별적인 문자를 보내보는 것도 좋습니다. 각각의 문자에 관심을 담아서 보낸다면, 당신의 배려에 상대방도 감동할 것입니다.

② 가까운 사람부터 챙겨라!

인맥 관리를 하겠다며 새로운 사람만 챙긴다면 기존의 인연들이 서운해할 것입니다. 기본적으로는 가까운 인맥부터 견고하게 관리하는 것이 좋습니다. 자신에게 안 좋은 일이 생겼을 때, 가장 먼저 달려올 사람들도 바로 그런 사람이기 때문입니다.

③ 모임, 행사, 술자리 참석하라!

기본적으로 자주 얼굴을 봐야 대화도 자주 하고, 금방 친해지는 법입니다. 각종 모임이나 행사에 참여해서 친해지는 방법도 자연스러운 인맥 관리 비법 중 하나입니다. 자리가 불편하다면 간단하게 술을 곁들이면서 적당히 기분 좋은 상태로 대화하는 것도 좋습니다.

④ 직책을 맡아라!

임원이나 간부의 자리를 맡은 사람에게는 회원들과 두루두루 친해질 수 있다는 장점이 있습니다. 공지나 연락망 때문이긴 하지만, 직책상 자주 마주치다 보면 자연스레 많은 사람을 알 수 있게 됩니다.

⑤ 선물하는 습관을 지니자!

조그만 선물로 상대방에게 나를 각인할 수 있다면, 약간의 금전적 문제는 그다지 큰 위험이 아닐 것입니다. 상대의 기호를 생각해 주는 감각까지 있다면 금상첨화겠지요. 또한, 'give & take'보다는 'give & more give'의 자세를 갖는 것이 중요합니다. 상대에게 무언가를 바라는 태도는 오히려 부담을 주게 되며, 사이까지 멀어지게 할 수 있습니다.

⑥ 편안한 이미지로 다가가라!

예쁘고 날씬한, 잘생기고 멋있는 외모가 아니어도 좋습니다. 오히려 친근하고 푸근하며, 편안한 이미지가 상대방에게 다가가기에 유리합니다. 외모뿐 아니라 행동도 마찬가지입니다. 따뜻하고 섬세하게 상대방을 잘 챙겨주는 모습이 넓은 인맥 형성의 발판을 만들어 줄 것입니다.

5) 졸업 후 진로 계획

일반적으로 중국인유학생들의 장래계획에는 한국이 배제되어 있습니다. 능력있는 유학생은 외국계 기업으로 이직을 계획하고 있고, 대부분은 일정한 경력을 쌓은 후 귀국해서 장기적인 계획을 세우겠다고 생각하고 있습니다. 이들의 귀국계획은 한국회사에서 외국인으로서 인정받고 자기실현을 할 수 있는가에 대해 회의적인 것이 가장 큰 이유였으며, 부차적으로 결혼이나 부모님의 봉양 등이 걸려 있어, 한국인과 결혼하는 경우를 제외하고는 귀국하겠다는 의견이 지배적입니다. 이렇듯 중국인유학생들의 귀국사유는 처음부터 한국에서의 취업이 장기 목표가 아니었기 때문입니다. 대다수가 한국에서의 취업을 단기로 생각하고 있으며, 귀국 후 경력으로 활용하기 위해 취직을 하는 것입니다. 이들은 최소 2년 정도의 경력을 원하는데, 이 경우 고용 기업에서는 인재활용에 어려움을 겪을 것이며, 고용주들은 중국인유학생들에 대해 지속적인 투자를 꺼리게 될 것입니다. 세계적으로 기업들이 글로벌 인재유치 경쟁을 벌이고 있는 가운데, 우수한 중국인유학생들의 배양과 기업에서의 유인책이 필요하기도 하지만 중국인유학생들의 자세도 변해야 할 것입니다. 그 외에 우리가 간과하면 안되는 사항이 한국사회에 적응이 어려워 실력이 있음에도 귀국 후 취업을 선택하는 중국인유학생이 존재한다는 것입니다. 이들처럼 귀국해서 중국에서 경력직으로 취업을 원하는 유학생들은 임금과 승진, 복지제도의 개선이 전제될 경우, 중국 내 한국기업 현지화의 주축이 될 기회가 있음을 알아야 하겠습니다.

재한 중국인유학생을 대상으로 한 설문결과에 의하면, 응답자의 48.6%가 대학(원) 졸업 후 본국으로의 귀국을 계획하고 있었으며, 그 다음으로 국내기업 취업을 희망(17.8%)하였습니다. 취업과 관련해서는 대기업 뿐만 아니라 중소기업도 고려하고 있다는 답변이 86.8%로 대다수를 이뤘고, 희망연봉은 2,500만~3,000만 원을 가장 많이 선택하였습니다.

对在校中国留学生的采访

您好，这里是中国金融研究院。

本院为了帮助中国留学生更好的解决就业问题，现正在编撰出版《在韩中国留学生就业指南》这本书。本次采访的主要对象是在韩留学的大学生及研究生，以面对面问答方式进行，其内容将在这本书中出版，本次采访是为了《在韩中国留学生就业指南》的发行而用，不会用于其它用途。每个问题的回答请控制在150字左右。

您的回答将对《在韩中国留学生就业指南》这本书的编写起到很人作用，所以请您仔细考虑后回答。最后，感谢您为《在韩中国留学生就业指南》这本书所做的贡献。

中国金融研究院研究员崔贤松(02-783-9669)

中国居住地/大学			性别	男 / 女
韩国大学/学期/专业			在韩时间	
韩国语能力	上中下	英语能力		上中下
TOPIK等级		英语成绩		

1. 您为什么选择来韩国留学？

2. 您在韩国的留学生活是怎么度过的？

   (学校生活，上课，同学关系，学费及生活费问题，其他活动等)

3. 毕业后有什么打算？

4. 对于就业的问题 (找工作途径，求职信，简历，面试等) 您最希望了
   解的是什么？

1 吴航宇

中国居住地/大学	黑龙江省双鸭山市 / 齐齐哈尔大学		性别	男
韩国大学/学期/专业	崇实大学/研4/国语国文		在韩时间	
韩国语能力	上	英语能力	上中下	
TOPIK等级	五级	英语成绩		

1. 您为什么选择来韩国留学？

　　首先，我选择来韩国留学是因为韩国距离中国比较近，而且经济比较发达，其次是由于韩国的学费相比其他欧美国家来说比较低一些，而且还给外国留学生奖学金，还有韩国的教育水平相对来说比较高。我本科就是韩国语专业的，我认为学习语言本身要到母语国家来学习才对自己的学习更有帮助。

2. 您在韩国的留学生活是怎么度过的？

　　（学校生活，上课，同学关系，学费及生活费问题，其他活动等）

　　我的韩国留学生活由两部分组成，校园生活及日常生活，校园生活那，不得不提的就是韩国的教授，我们的教授对留学生的要求十分严格，可以说基本上要达到韩国学生的标准才可以满足教授的要求，所以这方面那，留学生相对来说要付出比韩国学生更多的努力才能获得教授的认可，在学校那，前辈后辈的关系式我们中国人来到中国以后才学会的，我们专业的韩国前辈对我们十分的照顾，来学校的时候为我们介绍校园的环境，带我们去图书馆，带领我们去办理学生证，这些都是我从前辈身上学到的，我现在已经结业了，后背来的话，我们会带他们去参观图书馆，一辈一辈前后辈的关系就是这样形成的。另外不得不说的就是学校参加的奉献活动，像在学校周围清理垃圾还有教韩国学生汉语，这都是一种在学校生活的经验，第二部分那，就是日常生活，主要是跟自己的朋友，中国的朋友也有，韩国的朋友也有，在韩国进行旅游，去韩国各个名胜的地方，周末的话会和朋友一起打打篮球，和朋友一起聚聚餐之类的，我的学费来源主要是父母，生活费是我自己兼职做翻译，兼职做导游赚的。

3．毕业后有什么打算？

我毕业之后首选是留在韩国进行旅行社的工作，因为我现在正在准备韩国观光翻译师的考试，如果这个考试通过的话，我将有机会在韩国大的旅行社就业，因为本身我喜欢这个行业，在中国读大学的时候我就已经取得了导游资格证，通过来韩国学习，进一步了解了韩国的文化，我想对我从事这方面的工作会比较有利，如果这个工作不可以的话，我会选择进入贸易公司工作，毕竟，中韩贸易现在越来越。…韩国人到中国投资，中国人来投资，相互之间需要一个沟通的桥梁，我想我能担当起这个桥梁的责任。未来的几年之内，边工作边学习。如果感觉自己的知识不足以面对。… 我将选择継续攻读博士学位。

4．对于就业的问题（找工作途径，求职信，简历，面试等）您最希望
　了解的是什么？

我想中国留学生在韩国就业最缺的就是工作途径，我想一般在韩国

找工作的学生一般都是通过朋友介绍，或者是在几个知名的招聘网站上发布的信息来寻找工作。其次，我感觉是面试，因为毕竟中国韩国的面试的步骤啊顺序之类的有可能不同，本身是学生，一般都没有在韩国公司面试的经历，而且这里是异国他乡，更不知道怎么去参加这个面试。所以我最想了解的是找工作途径和面试。

② 李晨

中国居住地/大学	河南郑州/郑州轻工业学院		性别	女
韩国大学/学期/专业	淑名女子大学		在韩时间	4年
韩国语能力	上	英语能力	中	
TOPIK等级	六级	英语成绩	TOEIC 768/英语六级	

1. 您为什么选择来韩国留学？

　　来韩国留学的原因首先是我本科就是韩国语专业的，为了能够更好的在学业上深造，更好的了解韩国的文化，传统之类的。另一个原因，韩国毕竟是亚洲国家嘛，和中国的传统，习俗，文化，饮食等方面都很接近，来到这里不会和中国有很大的差异，所以选择来这边留学。最后一个原因就是韩国地理位置上离中国比较近，我可以经常的回家，所以我选择来韩国留学。

2. 您在韩国的留学生活是怎么度过的？

　　(学校生活，上课，同学关系，学费及生活费问题，其他活动等)

　　首先，在学校的时候，有课的话就回去上课，没有课的时候会在图书馆学习啊，或者和朋友一起去购物啊看电影吃饭之类的，朋友当中有韩国的朋友也有中国的朋友，但是总归来说还是中国的朋友比较多，大学的时候也会参加一些旅行的，摄影之类的社团。但是研究生开始，就很少参加了，因为学习比较忙嘛。学费问题嘛，因为我拿的全额奖学金，所以我不用担心学费的问题，生活费那，大部分是由父母资助，自己偶尔也会打一些工，但是打得工一般也都是家教或是在学院里面教中文还有教中国的朝鲜族孩子韩语，偶尔会参加一些学校组织的留学生晚会迎新活动之类的。

3．毕业后有什么打算？

毕业以后我想尽快找到工作，可以缓解生活的压力，但是找的工作那，也都是在学院做讲师，翻译类的公司，大学里的行政助教语学院的行政助教这几个是优先的选择，如果在韩国找工作不顺利的话，我会选择回国，回国也是想尽量选择在大学或是学院里面工作，教育方面的优先吧，翻译类排在其次，其他行业那，我目前还没有考虑，不过说不定以后会改变。

4．对于就业的问题（找工作途径，求职信，简历，面试等）您最希望了解的是什么？

就业方面我最想了解的就是，我通过什么样的途径可以找到韩国的工作，因为我现在毕竟在韩国留学。是在网上投简历那还是我拜托我认识的人帮我介绍工作，我对这方面很想了解。另外一个是关于面试的时候，中国和韩国的面试有什么不一样的地方，我需要注意哪些地方，包括韩国人一些禁忌的东西，还有面试的礼仪啊还有比如说服装啊我都想了解一下。最重要的是我进到韩国公司以后能不能得到和韩国人一样的待遇。还有重要的问题就是工资问题，还是一样的，就是我能否和韩国拿一样的工资，还有就是外国就业的话，一般都能拿到多少钱，各行业的工资水平是怎样的，方便我选择行业去工作。

3 徐烨

中国居住地/大学	江苏常州/扬州大学		性别	女
韩国大学/学期/专业	梨花女子大学/5/国语国文专业		在韩时间	两年三个月
韩国语能力	上	英语能力		上
TOPIK等级	高级	英语成绩		GRE145/160

1. 您为什么选择来韩国留学？

在大学四年期间，专业是韩国语，副修专业是国际贸易。当时毕业以后打算进国内大学当韩国语老师，但是专业水平限制和进大学的门槛比较高，所以当时申请了梨大，一毕业就来韩国读了相同专业的硕士。

2. 您在韩国的留学生活是怎么度过的？
（学校生活，上课，同学关系，学费及生活费问题，其他活动等）

由于大学期间是韩国语专业，当时也来韩国旅游过，所以学校生活基本没有什么困难，一切都比较顺利。梨大是所很国际化的学校，我在这里遇到了世界各地来的同学，接触不同的文化，英语水平也很大的提高，学习生活很愉快。虽然梨大的学费比较贵，但是我还是比较幸运，拿了三学期的免学费全额国际交流奖学金。生活费方面主要来自家人的支持，但我也做过中文老师，翻译，在学校做过助教。

3．毕业后有什么打算？

毕业之后，还是打算继续深造。现在在忙着写论文，但是也把大部分精力放在了准备赴美的JGRE考试上。个人通过对韩语语言学方面的学习，对一般语言学产生了兴趣，以后打算作此方面的学习和研究，争取在博士毕业后能回国进高校工作。

4．对于就业的问题（找工作途径，求职信，简历，面试等）您最希望了解的是什么？

大家都比较关注招聘求职信息。我也希望经常了解就业的信息和动向。关于文书的撰写，也很重要，能有一些关于此方面的网站或者课程，那是多多益善了。

4 王鑫

中国居住地/大学	山东/青岛理工大学		性别	男
韩国大学/学期/专业	首尔大学/3学期/建筑学		在韩时间	3年
韩国语能力	上	英语能力		中
TOPIK等级	5级	英语成绩		

1. 您为什么选择来韩国留学？

　　在国内读大学的时候，有机会来韩国交换。在父母的建议下就过来交换。交换之后，觉的韩国的教育环境还不错，建筑专业的设计studio，比国内更自由，开放，国内相对比较保守，我个人比较喜欢韩国的这种教育方式，再加上本科学历不够有竞争力。然后就申请了在韩国读研究生。

2. 您在韩国的留学生活是怎么度过的？

　　（学校生活，上课，同学关系，学费及生活费问题，其他活动等）

　　现在是第3学期，前2个学期，在做设计studio的时候，经常通宵，然后教授评图，改图。每周是以通宵，评图，改图这种循环的模式度过的。现在在修理论课程部分，看看相关资料，准备发表相对轻松了很多。

　　研究生虽然有研究室，但是依然感觉自己还是个外国人，和课余时间中国同胞在一起活动的情况比较多，个人爱好打羽毛球，偶尔会出去看看建筑，总体来讲走出校园的次数并不多。

3．毕业后有什么打算?

　　这个问题也在困扰着我，建筑行业，国内市场繁荣，需求较大，但是刚开始没有工作经验的，薪水待遇不理想。但是出来留学，有点海外经验比较好。还在迷茫中。

4．对于就业的问题（找工作途径，求职信，简历，面试等）您最希望了解的是什么？

　　工作途径，系的网站上会有公布，简历，建筑专业有作品集，面试方面比较缺乏，希望能多了解些。

5 池红莲

中国居住地/大学	吉林省延吉市		性别	女
韩国大学/学期/专业	中央大学新闻放送专业四年级		在韩时间	5年
韩国语能力	上	英语能力	中	
TOPIK等级	六级	英语成绩		

1. 您为什么选择来韩国留学？

　　我小时候的梦想就是当一名主持人，读高中的时候有机会在延吉广播电台做过一段时间的朝鲜语广播主持人，那段经历让我更加坚定了我做主持人的梦想，为了更加系统的学习这方面的知识，我就来韩国留学了。

2. 您在韩国的留学生活是怎么度过的？

　　(学校生活，上课，同学关系，学费及生活费问题，其他活动等)

　　因为我是朝鲜族，所以生活方面比起其他留学生没有太大的语言障碍。

　　我们专业的课一般是通过小组活动进行的，一起拍短片，一起讨论，一起去采访，所以能从实践中学到很多东西，学费和生活费都是家里给的，不过我自己也兼职做家教能赚到一些零花钱。

　　课余时间那？我加入了中国留学生学生会，每周五晚上我们都聚在一起讨论关于组织活动的事情，我很喜欢的我留学生活。

3．毕业后有什么打算？

　　毕业后我想在韩国找工作，想体验一下韩国电台的工作方式，韩国的传媒业比中国要先进一下，如果能在韩国的电台工作的话，我想我会学到很多。如果以后回国发展的话，也能为以后做一下铺垫。我很想进入韩国电台工作，如果不能录取的话，我想我会去北京継续我的主持人梦想。

4．对于就业的问题（找工作途径，求职信，简历，面试等)您最希望了解的是什么？

　　各公司面试的方式都有些不同，特别是对一些知名的公司怎么面试想了解一下。

　　另外，在学校的时候，我就因为不知道怎么办保险，后来有病去医院时就花了很多钱，所以如果我找到工作后，我很想了解一下医疗保险怎么办。

6 姜琳

中国居住地/大学	吉林延吉		性别	女
韩国大学/学期/专业	梨花女子大学/8/电视新闻		在韩时间	5年
韩国语能力	上	英语能力	中	
TOPIK等级	5级	英语成绩	暂无	

1. 您为什么选择来韩国留学？

　　高考时没有考上理想的院校，父母建议我出国留学。因为那是年纪尚小，韩国离家比较近，而且有亲戚在这边觉得相对会有些照应。而且，当时韩语也是热门专业，出于各个方面的考虑最后选择来韩国留学。

2. 您在韩国的留学生活是怎么度过的？

　　(学校生活，上课，同学关系，学费及生活费问题，其他活动等)

　　在韩国的生活主要以学习为主，刚开始也出于锻炼语言的目的，做过一段时间的小时工。在大学期间基本以学习为首要任务，课间也做过一些教小朋友中文的工作。学费，生活费方面，很幸运的在学校和财团那里得到了全额奖学金，同时家里也会给一些生活费。刚开始大学生活的时候还是有一些困难的。那时韩国语也不是很流利，听课，交朋友，生活等发面都有一些困难。特别是学习上的压力比较大，既要理解老师讲课的内容，还要解决论文，发表等问题，不仅语言是一种障碍，在学习方式上也有很多的不适应。但是经过1年多的适应期之后，交到了许多朋友，慢慢的开始习惯这里的学习，生活就不再觉得难，反而会认为因此得到了很多的历练，有了很大的成长。也因为这样的原因，认为很多刚刚来到异国学习的中国学生肯定或多或少的跟我有同样的烦恼。抱着希望跟同学一起解决问题的心态，参与到了中国留学生会的工作中，并担任了会长工作，希望能够为同学解决学习，生活上的各种问题，互相帮助。也参与到了全韩学人学者联谊会中，希望为在韩的中国同学奉献出自己的一份力量。同时也增加自己的阅历，培养了自己各方面的能力。

3．毕业后有什么打算？

因为专业是新闻方面，所以毕业后首先想到的是工作。因为我认为新闻工作与生活实践是离不开的。所以，想在毕业后先找工作，更多的参与到社会生活中，实现自己的理想。

4．对于就业的问题（找工作途径，求职信，简历，面试等）您最希望
　　了解的是什么？

对我而言，在找工作的过程中最头疼的事情是求职信和简历。在寻找工作的时候求职信，简历是第一块敲门砖，它的好坏决定了用人单位对你的第一印象。但是怎么能让它内容丰富，别出心裁，也不是一件容易的事情。所以非常希望有这方面的信息能够参考，为求职起到关键性的作用。

⑦ 姜晓东

中国居住地/大学	中国山东威海		性别	男
韩国大学/学期/专业	崇实大学/8学期/国际通商		在韩时间	5年
韩国语能力	上	英语能力	中	
TOPIK等级	5级	英语成绩		

1. 您为什么选择来韩国留学？

　　我出生地威海，是个海边城市，而且是中国离韩国最近的城市，我高中在读的时候，家乡建起了许多韩国独资企业，和中韩合资企业，那时候有了高中毕业后，去韩国留学的想法。

　　再是因为高考被录取的大学，自己并不满意，所以就选择了来韩国留学

2. 您在韩国的留学生活是怎么度过的？
　　(学校生活，上课，同学关系，学费及生活费问题，其他活动等)

　　刚来韩国的时候，先学了大约1年的韩国语，因为来之前，一点韩国语基础也没有。语学院毕业后，进入大学，现学的旅游专业，之后又转入国际贸易专业，大学期间，生活费，都是自己打工赚的。在读旅游管理专业的时候，在学校外国交流中心打工，期间还给来韩国旅游的青岛旅游团做过翻译。

3. 毕业后有什么打算?

　　毕业后，进入大学院读研，継续深造，原来是想在韩国就业的，但是投了几份简历，发现自己的专业知识，不够强，而且在韩国的中国留学生也多，就业不是那么容易的，所以就改变主意了，决定在花费几年的时间，継续学习加强自己的专业知识。

4. 对于就业的问题（找工作途径，求职信，简历，面试等）您最希望
　　了解的是什么？

　　找工作的途径，虽然可以通过几个网站，找到一些求职信息，但是真正能被应聘的寥寥无几。
　　求职信，韩国语表达能力差，自己写完了，还要找韩国朋友给修正，比较麻烦，而且也不太实际。
　　面试方面的技巧，想了解一下。

취업 현황

1) 현행 유학생 취업제도

정규학위 과정에 유학 중인 외국인유학생은 법무부 외국인유학생 아르바이트 규정에 따라 학기 중에는 주당 20시간까지, 방학 중에는 제한 없이 자유롭게 아르바이트를 할 수 있습니다. 또한 출입국관리법에 따라 교수(E-1), 연구(E-3)(이공계만 해당), 특정활동(E-7) 비자의 경우, 한국 내 대학 졸업자 중 이공계는 학사 이상, 인문계는 석사 이상의 학위를 취득하면 재입국 절차 없이 국내에서 바로 체류자격을 부여받아 국내취업이 가능합니다. 다음은 취업을 위해 준비해야 할 서류입니다.

(1) 시간제 취업(아르바이트) 조건

- 대상: 유학(D-2)체류자격 소지자, 어학연수생(D-4)자격 취득 일로부터 6개월이 지난 자
- 허용시간: 학부 재학생-주당 20시간, 석·박사 논문 준비 중인 자-주당 30시간 이내

- 신청서류: 여권, 외국인등록증, <u>통합신청서</u>, <u>외국인유학생 시간제 취업 추천서</u>(고용주, 지도교수, 학교유학생 담당자 확인 후 제출)
- 출입국사무소 또는 웹사이트 http://www.hikorea.go.kr에서 전자민원으로 신청가능
  전자민원 → 전자민원 신청 → 유학생(D−2) 및 어학연수생(D−4) 시간제 취업 허가

(2) 구직(D-10) 조건

- 대상: 국내 전문대학 졸업 유학생(평균학점 3.0이상), 국내대학 학사이상 학위 취득 또는 학술연구기관 등의 연구과정 수료 유학생(평균학점 3.0미만인 경우 지도교수 추천 필요)
- 제출서류: 통합신청서, 여권 및 외국인등록증, 표준규격사진, 수수료, 학력증명서(졸업증명서, 학위증), 성적증명서, <u>구직활동계획서</u>
- 구직기간에 기업 등의 인턴사원 등으로 연수받게 되는 경우 사유발생일로부터 14일 이내에 신고필요
  - 신고서, 연수(인턴)계약서, 연수기간 등록서류(사업자등록증 사본 등)

(3) 특정활동(E-7) 신청 시 제출서류

- <u>통합신청서</u>, 여권 및 외국인등록증, 표준규격사진 1장, 수수료
- 졸업증명서, 성적증명서

- 주무부처 장의 고용추천서 또는 고용의 필요성을 입증하는 서류－활용계획서
- 고용업체 등 설립관련서류(사업자등록증, 등기부 등본 등)
- 고용계약서 원본·사본
- 내국인 고용보험가입자 명부, 납세사실 증명, 부가가치세과세 표준 증명 등
- 개인별, 업체별 특이사항에 따라 심사 시 필요서류는 추가될 수 있음

☞ 밑줄 친 서식은 http://www.hikorea.go.kr "Quick Menu 민원 서식"에서 내려받기 가능

☞ 궁금한 내용은 외국인통합 안내센터로 문의 가능(전화 － 국번 없이 1345)

2) 구직 경로

서류전형	· 이력서 및 자기소개서 · 대학교/대학원 졸업증명서 및 성적증명서
필기전형	· 기본 직무 지식 측정 · 기본 인성 측정
면접	· 인성 및 적성 면접 · 전공 및 외국어 면접 · 토론면접, PT면접, 실무진면접
고용계약	· 고용계약서 작성 · 비자 변경

유학생들이 취업정보를 얻는 경로의 첫 번째는 대학이 제공하는 구직정보입니다. 대학사이트나 혹은 국제교류처에서 이메일로 보내주기도 하는데, 이는 대학별로 정보제공의 차이가 크다고 할 수 있습니다. 두 번째는 지인을 통해서 구직하는 경우입니다. 가장 취업 성공률이 높은 경우로 기업에서 중국인유학생 한, 두명을 급히 구하는 경우로 소위 인적네트워크가 작동하는 경우입니다. 세 번째는 구직정보사이트 이용으로 한국어에 능통한 이들은 한국어 구직사이트를 이용합니다. 마지막 네 번째는 채용박람회에 참석하여 구직 정보를 얻는 것입니다.

(1) 대학에서 제공하는 구직정보

대학별로 운영하는 취업관련센터에서는 입학부터 졸업 후까지 학생들의 취업·진로 및 구직관련 정보의 제공과 각종 검사·상담을 통해 학생들이 적성과 흥미에 따라 희망분야와 직업을 선택하고 진로탐색 및 진로 설정, 취업지도, 채용정보 제공 등 종합적인 대학생활을 지원하고 있습니다. 학교로 접수되는 모든 채용정보 및 아르바이트 정보는 취업정보시스템을 통하여 제공되고 있습니다. 또한, 진로 및 취업상담을 원하는 학생은 교내에서 제공하는 전문 상담사에게 상담을 받을 수 있으며, 기업입사 준비를 위한 이력서 클리닉 및 면접 클리닉을 운영하기도 합니다. 또한, 대학별로 취업박람회를 실시하기도 하며, 취업과 관련된 여러 가지 행사를 진행하기 때문에 이를 적극 활용해야 하지만 교내에서 제공하는 취업정보는 외국인유학생을 위한 정보이기보단 한국학생을 위한 정보가 많아서 한계점이 있습니다.

(2) 인적 네트워크 활용

인생에서 성취하는 것의 대부분은 내가 아는 사람과 나를 아는 사람에 의해 결정된다고 합니다. 여기서 가장 중요한 인맥은 교수님과 선·후배입니다. 특히 교수님들이나 학교 조교님은 기업에서 부탁하는 추천서를 가장 먼저 전달받기 때문에 이를 통해 좋은 기업의 구직 정보를 더 빠르게 알 수 있습니다. 이 경우 취업성공 확률도 비교적 높은 편입니다.

(3) 구직정보사이트 이용

한국어에 능통한 중국인유학생들은 다양한 한국어 구직사이트를 이용하여 취업경로를 다양화하고 있습니다. 자신의 역량에 맞는 기업에 선택 지원하여 채용의 문을 두드릴 수 있습니다. 그러나 현재 중국인유학생만을 위한 전문구직 사이트가 없으므로 이를 활용하는 것에 어려움을 느끼고 있습니다.

(4) 채용박람회 참석

외국인유학생의 취직알선을 위한 정책의 하나로 2007년부터 한국산업기술진흥원이 주관하였고, 2011년부터 KOTRA와 국립국제교육원에서 주관하는 외국인유학생 채용박람회가 매년 개최되고 있습니다. 외국인 직원을 뽑아 본사에서 2~3년간 교육한 뒤 해외 현지 법인으로 보내려는 기업이 대부분을 이루고 있으며, 해외 현지에서 직원을 선발하면 언어를 비롯한 문화적 차이로 어려움이 많아서 이를 사전에 방지하고자 국내 유망 중견·중소기업들이 적극 채용박람회에 참여하고 있습니다. 특히 중국인유학생은 한국에서 공부뿐만 아니라 취업까지 하게 되면 중국 내에서의 대우가 달라지기 때문에 많은 중국인유학생이 채용박람회 현장을 찾고 있습니다. 특히 2012년에는 모 대학이 재한 중국인유학생만을 위한 취업박람회를 개최하여 한국 기업 탐방과 한국 기업문화 체험 기회를 제공해 한국기업과 문화에 대한 이해를 높이고, 기업 설명회와 채용 분야 직무 설명회를 개최하는 등 우수한 중국인 채용에 적극 노력하고 있습니다.

3) 왜 취업이 어려운가?

  1990년대는 한국에 온 중국인유학생이 많지 않았기 때문에 이들에 대한 수요가 많았지만, 현재는 중국 국내 150여 개 학교에 한국어학과가 개설되어 있고, 한국학과 출신이 아니면서도 한국어를 적극적으로 배운 학생들이 늘어나고 있습니다. 초기에는 언어문제 해결을 위해 한국계 중국인에 대부분 의지했으나, 그들에 대한 실망감과 한족 한국유학생 배출이 맞물리면서 2000년대 초까지만 해도 중국인유학생은 한국회사에 취업할 기회가 상대적으로 많았습니다. 하지만 한국 유학의 1기라고 할 수 있는 이들 중국인유학생 출신들의 업무처리 능력에 대한 평가가 어느 정도 정리되면서 유학생 출신에 대한 선호도가 급격히 줄어들었습니다. 이들 유학생 출신은 한국어를 구사하는 것 이외에 본사와의 소통 등 다른 분야에서 별다른 능력을 보여주지 못하고 있는 것이 가장 큰 원인이라 할 수 있습니다.

  한국무역협회에서 최근 발간한 보고서에 의하면 중국인유학생의 17.8%만 졸업 후 한국 내 기업의 취업을 희망하고 있으며, 48.6%가 중국으로 귀국을 원하는 것으로 나타났습니다. 취업이 어려운 개인적인 이유로는 언어문제(31.7%)와 전공실력 부족(28.8%)을 들었고, 35.3%의 응답자가 유학생 채용 자체가 적다는 응답을 하였습니다. 이렇듯 학위취득만을 위한 유학생의 자세와, 대학재정의 보충으로만 유학생을 대하는 한국 대학의 입장과 맞물려 중국인유학생은 증가하고 있으나, 글로벌 인재양성과 활용면에서 보면 유학생 개인, 대학당국, 한국기업 3자 모두 인식의 전환이 필요합니다.

  또한, 국내 수출기업의 11.8%가 외국인유학생을 채용하고 유학생

활용에 대체로 만족하고 있으나, 앞으로 채용에 대해서는 소극적 (10.4%)으로 나타났습니다. 그 이유는 외국인유학생 채용과 관련해 29.2%의 기업이 그 필요성에 의문을 가지고 있고, 의사소통(16.3%) 과 인력관리(16.6%) 등에 대한 우려가 있기 때문으로 나타났습니다. 한편 중국인유학생 측면에서 보면, 한국기업에서 유학생을 선발한 후 한국에서 근무하지 않고 중국으로 파견을 보내면서 인건비는 중국 수준에 맞추어 주는 사례가 많은데 이는 부당하다고 여기고 있습니다. 한국회사에 근무하면 한국인과 같은 동등한 급여와 동등한 대우를 받아야 한다고 생각하고 있는 것입니다. 그들이 원하는 최저임금수준은 중국 북경은 고물가를 반영하고 저축하여 집이라도 장만하려면 최소 런민비 8,000위안 정도를 받아야 한다고 생각하고 있고, 한국에서의 기대임금은 월 250만 원 정도였습니다. 이 수준이면 국내 대학졸업생이 원하는 수준과 같습니다.

4) 취업을 위해 무엇을 준비해야 하나?

한국회사 인사담당자들이 말하는 취업의 성공요인은 크게 한국어실력, 영어실력, 인턴 경력을 들 수 있습니다. 현재 중국인유학생의 수가 많아 취업 시 공급이 수요를 초과하고 있는 상황임에도 중국인유학생의 한국어실력이 부족해 구인 작업에 애를 먹고 있다고 합니다. 주로 중국에 진출한 한국의 중소기업에 취업 알선을 해온 H회사의 인사담당자 말에 의하면, 한국에서 유학하고 졸업장을 받아 온 중국인유학생들이 유학의 기본이라고 할 수 있는 한국어가 부족하다고 합니다. 중국 내 한국기업들은 한족이면서 한국어 가능자로 관리자 혹은 사무직 사원을 구하려고 하지만 인재 찾기가 쉽지 않다고 합니다. H회사의 담당자는 한국 대학에 유학 온 중국인유학생들은 최대한 한국어실력을 배양한 후 졸업할 것을 권하고 있습니다. 우선, 한국어가 되어야만 한국문화를 이해하고 한국사회에 대한 이해가 넓어지므로 한국어실력이 중국인유학생 취업의 관건이 된다고 볼 수 있습니다. 한편 중국인유학생이 한국기업에서 일한다는 것은 한국어로 일하는 것이 아니라 한국사회, 한국사람과 소통을 하는 것이므로, 한국어를 능통하게 하는 것 외에도 한국사회와 한국문화의 이해도를 높여야만 한국기업에 안착할 수 있음을 알려주고 있습니다. 둘째, 영어실력 향상입니다. 중국인유학생을 원하는 한국회사는 중국에 사업장을 가지고 있거나, 중국과 무역거래가 있거나, 혹은 중국시장을 개척하기 위한 회사들입니다. 따라서 한국어실력 외에 영어실력이 있으면 훨씬 쉽게 한국회사에 취직할 수 있을 것입니다. 셋째, 인턴 경력입니다. 재학 중 인턴 경력을 쌓은 중국인유학생은 업무 경험 외에 한국기업의 문화에 대한 이해도가 높아서 한국회사들이 환영하고 있습니다.

그러면 취업을 위해 어떤 것을 준비해야 하는지 좀 더 자세히 알아보겠습니다.

(1) 아르바이트

대학생활에서 빠질 수 없는 백미 중 하나는 단연 아르바이트입니다. 그 자체로 하나의 경력이 되는 것은 물론, 스스로 돈을 벌어볼 기회까지 제공하므로 대학시절의 아주 좋은 경험이라 할 수 있습니다. 과거에는 아르바이트가 주로 '용돈을 벌기 위한' 기회로 인식되는 경향이 있었지만, 취업하기가 어려운 최근에 와서는 '경력을 늘리기 위한' 것으로 그 인식이 전환되었습니다. 아예 취직을 고려하여 아르바이트를 결정하는 학생들이 있을 정도입니다. 아르바이트는 주로 방학기간에 하는 경우가 많으며, 학기 중에도 수업이 없는 시간을 통해 아르바이트를 하는 학생들이 많습니다.

(2) 공모전 및 자격증

공모전 참여는 금전적 혜택과 실력 향상, 취업 경쟁력의 제고 등 일거양득의 효과가 있습니다. 특히 '경력 같은 신입'을 원하는 기업이 늘면서 공모전 입상은 능력을 인정받을 수 있는 하나의 방법이 됐습니다. 대학생들이 참여해 볼 만한 공모전 분야는 논문분야와 광고분야, 디자인분야, IT분야 등입니다. 게다가 최근 들어 입상자에게 입사 특혜를 주는 공모전이 늘고 있어 더욱 눈여겨볼 만합니다. 공모전을 진행하면서 지도교수나 관련 교수의 도움을 적극 요청하는 것도 좋은 방법입니다.

대학생들 사이의 취업경쟁이 점점 더 심화하여가는 추세입니다. 이러한 흐름을 반영해 취업에 도움이 되는 자격증을 취득하려는 학생들이 늘어나면서, 각종 자격증 관련 학원 및 온라인 사이트가 대학생들 때문에 붐비고 있습니다. 자신의 전공이나 진로와 상관없이 무턱대고 자격증을 따기보다는, 자신의 취업 목표에 맞는 자격증을 준비하는 것이 취업에 유리합니다.

(3) 인턴십

　'인턴'이란 학생들을 일정 기간 산업체 근로에 참여시킴으로써 대학의 이론적 학문을 관련 분야 현장 실습 및 체험 속에 통합시키는 교육방식을 말합니다. 즉, 학교와 현장의 연계를 통해 학생들에게 진로탐색의 기회를 제공하고, 기업체에는 현장 업무 수행을 위한 지원 및 필요인력을 조기 발굴할 기회를 주는 것입니다.

　최근 인턴십을 통해 신입직원을 채용하는 기업들이 늘어나고 있습니다. 설령 인턴십을 통해 직접 채용되지 않더라도, 인턴십 경험은 채용 시 큰 이점으로 작용하기 때문에 적극 활용하는 자세가 필요합니다. 또한, 인턴사원은 주로 졸업예정자들을 대상으로 모집하는 경우가 많으므로 이에 대한 시기별 정보도 놓치지 말아야 합니다.

　인턴십은 아르바이트와 비교할 때, 실제 기업에서 일정 기간 특정 직무를 경험한다는 점에서 취업에 더 유리합니다. 이로 인해 인턴십의 경쟁률도 점점 더 높아지고 있습니다.

『인턴십의 장점』
- ✓ 사회생활에 대한 정보를 얻어 졸업 전 변화에 대한 대비 가능
- ✓ 급변하는 산업 환경에 탄력적으로 대처할 기회
- ✓ 사회의 흐름을 읽어 자신의 진로를 준비할 기회
- ✓ 직업의식과 인성을 갖추고 현장에서 필요한 지식을 획득할 기회
- ✓ 해외 실무 경험과 문화체험 등을 통한 실업해소의 돌파구 마련

(4) 취업 스터디

　구직 때 가장 잘 챙겨야 하는 요소 중 하나가 '정보'입니다. 자신이 원하는 분야의 채용 정보는 물론 채용 전형이 어떻게 진행되는지, 미리 준비해야 할 자격증은 무엇인지를 꼼꼼히 확인하고 대비해야 합니다. 그런 측면에서 '취업 스터디'는 훌륭한 정보 소스가 됩니다. 같은 목표를 가진 사람들끼리 교류하면 방학을 맞아 자칫 흐트러지기 쉬운 자신을 바로잡는 계기가 되기도 합니다.

　취업 스터디는 너무 친해서 긴장감이 덜한 친구와 하는 것보다 친하지 않더라도 어느 정도 수준이 비슷한 사람과 함께 하는 것이 높은 효용을 얻을 수 있습니다. 분명한 목표 기준을 세워두는 것도 중요합니다. 스터디 그룹을 만드는 것은 어렵지 않지만 유지하기가 어렵기 때문입니다.

　목표를 세워두지 않으면 단순한 친목 형식에 그칠 수 있습니다. 예를 들면 한 달 안에 어학점수를 몇 점 이상 올린다거나, 일정 기간을 정해두고 자격증을 취득하겠다는 등의 설정을 해두는 것이 좋습니다. 또한, 이미 취업에 성공한 '취업선배'를 초청해 조언을 듣는 것도 좋습니다. 인적 네트워크를 형성하는 데도 큰 도움을 줍니다. 취업 스터디는 처음엔 열정을 갖고 의욕적으로 시작하지만, 시간이 지날수록 시들해져 자칫 용두사미가 되기 쉽다는 점에서 참여 방식에 주의를 기울여야 합니다. 활발한 참여를 유도하기 위해서는 스터디 참여자에게 과제를 부여해 목표 달성 여부를 점검하는 등 적당한 긴장감을 유지해야 합니다. 2~3개의 스터디를 동시에 하는 학생들도 있는데, 이 같은 경우는 장단점을 잘 따져봐야 합니다. 많은 정보를 얻을 수 있다는 점은 좋지만 확실한 실행계획을 세워놓지 않으면 자칫 두 마리 토끼를 모두 놓칠 수 있습니다.

Step 2

업종별
취업전략

1

성공적인 취업전략

1) 일반 취업전략

한중 간의 경제교류가 점차 심화하고 중국 내수시장 개척을 위한 한국기업의 발걸음은 바빠지고 있습니다. 중국에 진출한 한국기업은 10만 개에 달하고 있고, 한국에서 졸업하는 중국인유학생 수는 매년 2만 명 정도가 되고 있습니다, 그중 일부는 한국에서 취업하고, 일부는 대학원에 진학하고 있으며, 대부분은 귀국을 선택하고 있습니다. 비록 중국에 진출한 한국기업의 숫자가 많긴 하지만 중국인유학생의 취업전망은 낙관적이라고 할 수 없습니다. 특히 삼성, LG, 현대자동차, SK 등 한국을 대표하는 대기업은 입사하고 싶다고 쉽게 입사할 수 있는 곳이 아닙니다. 한국 국내에서 취업하고 싶은 중국인유학생들의 취업 전망도 결코 낙관적인 것은 아닙니다.

한국과 중국에서의 취업의 문은 날이 갈수록 좁아지고 취업경쟁은 더욱 치열해지고 있습니다. 가장 큰 이유는 기업의 경영환경이 급변하고 있고 글로벌 경쟁이 치열해 짐에 따라 기업의 미래에 대한 불확실성도 커지고 있기 때문입니다. 이 때문에 한국기업의 채용방법과 구직자에 대한 요구수준도 변화하고 있습니다. 이러한 현실을 반영하듯 많은 기업이 수십 년간 이어오던 공채제도에서 일정 기간 근무를 시켜본 후 직무수행능력에 대한 평가를 통해 채용하는 인턴제도가 확대되고 있으며 신입사원보다는 경력직을 선호하고 있습니다. 또한, 과거 학교성적 우수자가 주목을 받던 시대에 여러 방면에서 능력을 발휘할 수 있고, 분석력과 창의력이 뛰어난 인재를 선호하는 추세로 변하고 있습니다. 그러므로 성공적인 취업을 위해서는 차별화된 취업전략을 수립해야 합니다. 그렇지 않으면 지금과 같은 치열한 취업전쟁에서 결코 생존할 수 없습니다.

대다수 구직자들을 만나서 진로와 취업에 대한 상담을 진행해 보면 자신만의 취업전략을 거의 찾아볼 수가 없습니다. 즉, 시간에 쫓기고 마음이 급한 나머지 채용공고 뜨기만을 손꼽아 기다렸다가 이미 작성해 놓은 이력서와 자기소개서를 제출하기에 급급한 "묻지 마 취업"에 집중하고 있는 것입니다. 더욱 심각한 문제는 실패 경험에 대한 원인 분석이나 이를 극복하기 위한 개선계획은 전혀 없이 신세한탄으로 일관하는 경우가 많다는 것입니다. 이렇게 해서는 결코 치열한 취업경쟁에서 승리할 수 없습니다. 따라서 취업전략 수립을 위하여 경영전략의 대가인 하버드대 마이클 포터 교수가 제시하는 세 가지 관점에서의 경영전략을 취업전략 수립에 접목해 볼 필요가 있습니다.

먼저 차별성입니다. 남과 똑같은 능력과 경력으로는 자신을 부각할 수 없습니다. 다음으로 집중전략(Trade Off)입니다. 즉, 목표도 없이 급한 마음에 이것저것 모든 것에 투자하기보다는 선택과 집중을 통해 남과 차별적인 요소에 많은 시간을 투자해야 합니다. 마지막으로 나의 적성과 능력 그리고 눈높이에 맞추어야 합니다. 이렇게 자신만의 취업전략을 세우고 취업을 준비하는 자만이 치열한 취업경쟁에서 승리할 수 있습니다.

　바람직한 취업전략은 첫째, 자신의 적성과 역량을 고려한 목표설계입니다. 즉, 자신의 적성과 경력 그리고 미래 발전 가능성 등을 고려할 때 자신에게 가장 적합한 산업군과 근무하고 싶은 직군 또는 부서를 정해야 합니다. 그다음 자신의 객관적 역량을 고려하여 눈높이에 맞는 기업을 선택해야만 합니다. 이러한 자신만의 목표가 명확해야만 구체적이고 실천 가능한 취업전략을 수립할 수 있으며 이러한 취업전략을 통해 취업경쟁에서 성공 확률을 높일 수 있습니다.

　둘째, 자신이 갖추고 있는 기본역량(Basic)과 기업에서 필요로 하는 핵심역량(Exciting)에 대한 객관적 평가입니다. 기본역량은 학력, 학점, 영어 등과 같은 공통적인 역량을 의미하며 기본역량이 부족하면 서류전형에서부터 실패 확률이 높아지겠지만 뛰어나다고 해서 최종합격으로까지 연결되는 속성이 있지는 않습니다. 핵심역량은 실제 기업에서 바라는 역량으로서 기업과 직군에 대한 많은 경험은 물론 업무수행능력을 의미합니다. 핵심역량은 부족한 기본역량을 극복할 수 있는 감동을 줄 수 있는 요인으로 최종합격을 판가름할 수 있는 매우 중요한 역량이라고 할 수 있습니다. 이러한 핵심역량으로는 문제해결능력과 효과적인 문서작성을 위한 전략기획능력 그리고 각종 마케팅 및 서비스능력 등을 예로 들 수 있습니다. 이러한 분야의 핵심직무자격증 취득은 자신의 역량을 객관적으로 증명해 줄 수 있는 효과적인 수단이 될 수 있으며 최근 경력직 채용이 늘어나고 인턴제도가 확산되는 시점에서 기업의 요구에도 맞는다고 할 수 있습니다.

　셋째, 자신이 정한 산업과 직군 그리고 기업에 대한 폭넓은 이해와 관련 경험 쌓기 및 핵심역량을 높이기 위한 세부 실천계획을 세우고 이에 대한 모든 노력을 기울여야 합니다. 또한, 이러한 노력은 단순한 이해와 학습 및 경험으로만 끝나서는 절대 안 되며 입사 지원하는 기업에 맞추어 자신의 입사지원동기를 더욱 명확히 해야 합니다. 이와 더불어 자신의 경험과 능력을 바탕으로 미래 포부와 연계시킬 수 있는 사실(Fact) 중심의 논리적인 이야기를 만드는 것이 매우 중요합니다. 이러한 이야깃거리가 이력서와 자기소개서에 비추어졌을 때 인사담당자와 면접관에게 남과 다른 관심과 감동을 불러일으킬 수 있는 매우 중요한 핵심이 될 수 있으며 곧 취업경쟁에서 승리할 수 있는 기회를 잡을 수 있습니다.

취업준비에서 가장 중요한 것은 자기관리입니다. 취업전략을 세우고 실천하는 과정에서의 철저한 시간관리와 목표를 향한 도전 의식에서 나오는 열정과 자신감은 자신의 미래를 열어가기 위한 가장 기본적이면서도 매우 중요한 요소입니다. 이 때문에 취업준비 과정에서 몸과 마음이 힘에 부치고 지치더라도 자기와의 싸움에서부터 이겨내야 자신의 미래를 향한 첫 단추를 올바르게 채울 수 있습니다. 끝으로 당부 드리고 싶은 것은 현실 도피를 위해 근시안적인 섣부른 판단으로 자신의 적성과 역량에 맞지 않는 직업 선택을 할 때 이는 또 다른 실패를 부를 수 있다는 것을 잊지 말아야 한다는 것입니다. 자신에 대한 객관적 평가와 명확한 목표설정 및 자신만의 취업전략으로 지금의 위기를 슬기롭게 타개해 나갈 수 있기를 당부 드립니다. 다음에 소개하는 사례는 중국인유학생의 채용 필요성과 채용을 원하는 한국회사가 점차 증가하고 있음을 알려주고 있습니다.

『사례1』

　수출기업인 A회사는 주요거점 시장이 중국입니다. 중국과의 거래가 증가하면서 최근 국내대학을 졸업한 중국인유학생을 채용하여 해외 영업담당 업무를 맡기고 있습니다. 그는 한국에 거주한 지 5년 이상 되어 한국사회와 한국문화를 잘 이해하고 있으며, 회사가 요구하는 기준에 의해 채용되었기 때문에 의사소통 및 문서작성 등에도 문제가 없습니다. 기존에는 중국 내 거래처 확대를 위해 통역사 등을 임시로 활용하곤 하였으나, 중국인유학생 채용 이후 직접적인 영업활동은 물론 현지출장 시에도 큰 도움을 주고 있습니다. 유학생 채용에 대해 전반적으로 만족하고 있으며, 앞으로 사업 진행상황에 따라 채용을 확대할 가능성도 있습니다.

『사례2』

　B기업은 중국에 법인이 3개가 있고, 중국에 진출한 지 15년이 되었습니다. 중국인유학생의 고용은 2004년에 시작되었는데, 현재 중국인유학생 출신은 20명으로 현지법인에서 일하고 있습니다. B기업의 중국인유학생 고용목적의 첫 번째는 인건비 절감이지만, 중국사회에서 현지법인이 외부와의 일을 풀어나가는 네트워크 형성에 도움을 줄 수 있을 것으로 기대되기 때문이기도 합니다. 주재원들의 현지 이해도의 부족으로 현지화 작업에 대한 차질 우려와 중국어 실력배양에도 한계가 있기 때문에 중국법인은 중국인 관리자가 지휘하는 현지화가 될 것으로 전망하고 있습니다.

『사례3』

　C기업은 화장품 회사인데 수년간 중국 내수시장을 개척하기 위해 많은 노력을 기울이고 있습니다. 애초 C기업은 중국 내 한국계 중국인이나 중국대학 한국어과를 졸업한 중국인을 채용하였지만 바람직한 결과를 얻지 못하고 있었습니다. 그러다가 올해부터는 한국으로 유학 온 중국인유학생을 대규모로 채용하여 중국 내수시장 개척에 활용할 예정입니다. C기업뿐만 아니라 중국 내수시장을 개척하려는 한국의 많은 프랜차이즈 회사들도 한국에서 대학을 졸업한 중국인유학생을 채용하려는 움직임을 보이고 있습니다.

2) 인턴십 취업전략

　취업불황의 시대에 한국에서는 인턴십 경쟁이 수백 대 일에 달하고 있습니다. 많은 기업이 핵심역량을 갖춘 실무형 인재를 선호하면서 인턴에 관한 관심이 점차 높아지고 있어 앞으로 인턴십의 중요성은 더욱 확대될 것으로 보입니다. 설령 인턴십을 통해 직접 채용되지 않더라도 인턴십 경험은 채용 시 큰 이점으로 작용하기 때문에 적극 활용하는 자세가 필요합니다. 인턴십에 대한 구직자들의 만족도를 높이고 기업에도 긍정적으로 영향을 끼칠 수 있는 현명한 지원전략과 인턴 생활요령에 대해 알아보도록 하겠습니다.

(1) 인턴 채용 준비 이렇게

　인턴 채용 기업에 지원하기 전 선행돼야 할 것은 먼저 진로를 결정하는 일입니다. 무턱대고 아무 기업에 지원하는 것이 아니라 진로에 맞춰 자신의 경력에 도움이 될 만한 직종을 골라 공략하는 것이 중요한 것이죠. 머릿속에서 상상만 하던 직업세계와 실제 직업생활의 차이를 경험해보는 데 인턴십이 큰 역할을 하는 만큼 미리부터 준비하고 대비했던 분야로 지원하는 것이 필요합니다. 예를 들어, 마케팅이나 홍보분야에 취업하고자 한다면 설문조사나 이벤트, 홍보분야의 인턴을 해보는 것이 실제 구직까지 이어질 가능성이 높습니다. 특히 IT분야 등 일부 기업은 정규직 지원 자격을 자사 인턴 경험자로 제한하고 있는 만큼 이 점을 확인할 필요가 있습니다.

　무엇보다 인턴 지원 시 "방학 때 마땅히 할 일이 없어서"나 "주위에서 하니까" 등 분명한 목적 없이 지원하는 것은 금물입니다. 뚜렷한 목적이 없으면 취업과 전혀 상관없는 일을 하게 되고 결국 시간낭비만 초래하기 때문이죠. 이와 함께 인턴십 채용 기업을 사전에 알아두고 해당 기업 홈페이지를 수시로 방문해 채용 일정을 꼼꼼히 확인해야 합니다.

　입사지원서를 작성할 때는 자신만의 개성이 담긴 경험들을 풀어놓고 열정과 함께 배우고자 하는 적극성을 보여야 하며 인턴 과정을 거쳐 정식사원이 되고자 한다는 의지를 부각시키는 것이 도움이 됩니다.

(2) 인턴생활의 지혜

　대부분 인턴들이 경험하는 일은 단순 업무인 경우가 많습니다. 그렇다고 우두커니 시계만 바라보고 있다면 주위 사람들에게 수동적인 사람으로 보일 수 있으므로 할 만한 일이 없는지 스스로 찾아보고 선배나 상사에게 도울 일이 없는지 물어보는 자세를 가져야 합니다.

　간혹 윗사람의 지시를 잘못 알아듣거나 실수를 할 수 있는데 지시를 충분히 이해하지 못했다면 다시 한번 상사에게 문의해 자신이 이해한 것이 맞는가를 확인하는 것이 필요하며, 상사가 지시할 때는 메모하는 것이 좋습니다. 또 업무수행 과정에서 문제가 발생했다면 되도록 빨리 상사나 선배사원에게 보고를 하고 도움을 청해야 합니다. 발생한 문제에 대해 적극 해결하려는 의지를 보인다면 오히려 좋은 점수를 얻을 수 있을 것입니다.

　회사는 인턴기간 중의 직무수행 능력, 태도 등을 평가해 신입사원을 선발하곤 합니다. 따라서 지각은 금물이며 출근은 일반적으로 회사에서 정하고 있는 시간보다 30분 정도 일찍 출근하는 것이 좋습니다. 오늘 할 업무내용을 미리 살펴보거나 인터넷으로 정보를 구하는 등 준비를 해야 합니다.

　나아가 회사의 주요사업 네트워크와 자원현황을 직접 확인하는 기회를 통해 인턴사원의 눈으로 보고 느낀 사업 현황과 시사점을 바탕으로 신선한 아이디어를 제안한다면 회사에 필요한 인재로 자신을 검증할 수 있을 것입니다.

　다음에 소개하는 업종별 취업전략은 2011년 한국인대학생과 한국

기업을 기준으로 작성한 것입니다. 따라서 중국인유학생의 취업전략
과는 일치하지 않을 수도 있습니다. 중국인유학생을 위한 취업안내
는 이제 시작인 만큼 부족한 부분은 본 '취업가이드'의 업데이트를
통해 계속 보완해 나가도록 하겠습니다.

업종별 취업전략

1) 음식료업

(1) 취업전략

세계 경제 위기 때문에 소비자 경기 또한 위축되면서 일반 식품 중심의 사업이 둔화한 모습을 보이고 있는 가운데 식료품 회사들은 사업 다각화 및 해외로의 시장 확대를 강화하고 있습니다.

소비자의 입맛과 눈을 사로잡기 위해 끊임없이 노력하는 식료품 회사는 회사 간의 무한 경쟁에서 살아남아야 하므로 끊임없는 자기 계발을 할 줄 알고 도전정신이 강한 인재를 선호합니다. 이 업종의 회사들은 돌발상황 대처 능력보다는 해당 회사에 대한 지식을 갖추기를 요구합니다. 만약 농심(農心)에 면접을 보러 갔다면 즐겨먹는 해당 회사의 라면이나 과자 이름은 물론 맛과 특징, 개선해야 할 부분들을 설명할 수 있어야 하겠습니다.

그리고 가장 맛있는 제품으로 소비자의 마음을 움직여야 하기에 요리를 못하거나 입맛이 둔한 사람은 다소 불리할 수 있습니다. SPC 그룹은 실무 역량을 갖춘 인재를 뽑기 위해 맛을 감별하는 능력을

평가하는 관능시험을 치르고 있습니다. 한편, 식음료 회사 중 샘표
식품은 요리대결 면접을 시행하고 있습니다. 면접관들은 지원자가
팀원들과 요리를 만드는 과정에서 얼마나 팀원들과 잘 어울리는지,
얼마나 창의적이고 맛있는 요리 아이템을 만들어내는지에 대한 평
가를 하고 면접관들은 이 과정을 통해서 개개인의 성격과 특징을 파
악합니다.

대부분 회사들은 아르바이트 등의 현장 경험을 우대합니다. 아르
바이트 경험이 있는 사람은 회사에 대한 이해도가 높다고 판단하기
때문입니다. 이는 회사 홍보를 할 수 있을 뿐만 아니라 마케팅 핵심
인새를 미리 신짐힐 수 있디는 이점 때문에 매년 마케팅 공모전을
실시하고 있으며 이 중 농심은 'It's U'라는 대학생 서포터즈를 매년
선발해 대학생들에게 마케팅 실무를 배울 기회를 주고 있습니다.

(2) 기업소개

회사명	농심(農心)	업종	음식료
매출액	1조 8,951억 6,800만 원		
설립일	1965년 9월 18일		
홈페이지	www.nongshim.com		

<인재상>
- 담당분야의 전문지식과 근성을 가진 인재
- 문제의식과 문제해결 능력이 탁월한 인재
- 창의적 idea와 미래지향적인 안목을 가진 인재
- 국제적 수준의 경쟁력을 갖춘 인재

· 끊임없이 자기계발 하는 인재

<채용프로세스>

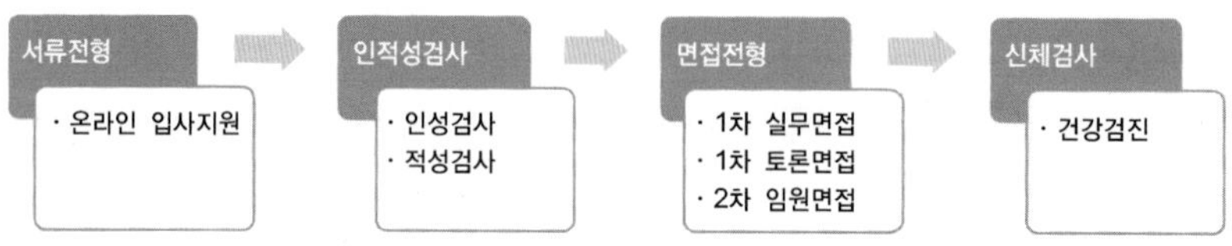

농심의 채용은 신입사원 공채와 인턴사원 채용, 경력사원 채용 등 인원충원이 필요한 경우마다 수시의 형태로 진행됩니다. 농심은 자기소개서를 진행한 다음, 인적성검사 및 면접인원을 선발하기 때문에 자기소개서 작성 시 이를 참고하여 작성할 필요가 있습니다.

농심의 면접 전형은 크게 1차 부서장 면접과 토론면접, 그리고 2차 임원 면접으로 이루어져 있습니다. 1차 면접은 부서장 면접으로 진행되며, 多 대 多 형식으로 진행됩니다. 자기소개서 내용과 관련된 내용을 주로 질문하며, 지원자에 따라 전공 질문을 하기도 합니다. 토론면접은 20분의 준비 시간을 갖습니다. 토론면접은 사회자 없이 진행되며, 면접관들이 태도나 자세를 모두 체크하므로, 바른 자세와 팀워크를 유지해야 합니다. 2차 면접은 경영진 면접으로 진행되며, 1차의 부서장 면접과 마찬가지로 多 대 多 형식으로 진행됩니다. 인성 위주의 질문부터 농심의 최근 이슈를 묻기도 하며 면접관의 물음에 대답한다는 생각보다는 면접관과 대화한다는 생각으로 면접에 임해야 합니다.

기출질문 – 실무진면접

- 본인의 전공이 직무를 수행할 때 어떤 강점이 있을 것 같은가?
- 농심에 대해서 아는 것을 말해보라.
- ○○○ 경험이 있는데 이를 농심에서의 직무와 어떻게 연결할 것인가?
- 해외 진출에서 농심이 어떤 전략을 세워야 하나?

기출주제 – 토론면접

- 기업의 사회적 책임에 대한 찬반
- 이중 가격제에 대한 찬반
- 환경개발과 환경보존에 대한 찬반

기출질문 – 임원면접

- 요즘 같은 경기 침체에 농심인으로 어떻게 행동해야 할 것인가?
- 웰빙 열풍에 대해서 어떻게 생각하는가?

회사명	롯데칠성음료	업종	음식료
매출액	1조 3,017억 6,700만 원		
설립일	1967년 11월 29일		
홈페이지	www.lottechilsung.co.kr		

<인재상>

- 자신을 개발하고 배움을 추구하는 학습인
- 변화와 혁신을 추구하는 혁신인
- 자기분야의 전문성을 갖춘 전문인

<채용프로세스>

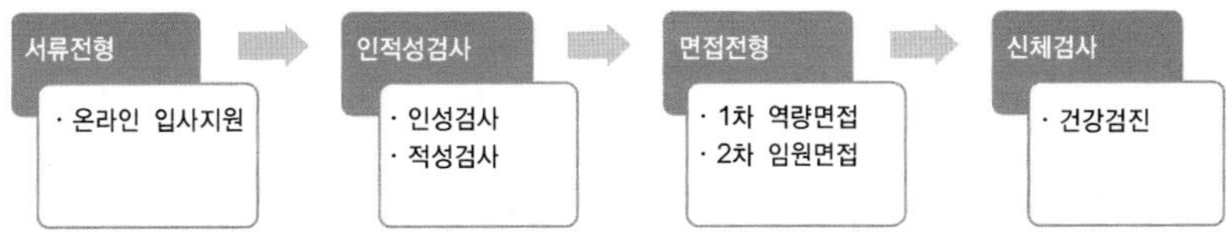

롯데칠성음료의 신입사원 채용은 롯데그룹의 공채와 함께 진행됩니다. 보통 상·하반기로 나누어 연 2회 공개채용을 시행하고 있습

니다. 모집시기는 상·하반기 각각 4월·10월경이며, 이는 롯데그룹에서 그룹공채로 모집하고 있습니다.

　1차 면접은 실무진 면접으로 면접관 2명과 지원자 1명이 진행하는 개별면접이며, 소요시간은 1인당 10분 내외입니다. 답변내용에서 경험이나 사례를 들어 설명하는 것에 면접관들이 호감을 나타내는 경우가 있기 때문에 지원자들은 추상적인 표현보다는 실제 경험을 통해 설득력을 높이는 것이 바람직합니다. 2차 면접은 인성면접으로 그 형식이 특별하기보다는 지원자에 대한 최종적인 평가로서 그 중요도가 높습니다. 질문의 유형이 기본적인 인성질문과 지원회사와 관련된 질문 등을 통해 입사에 대한 의지와 열정을 파악하려고 합니다. 크게 압박감을 주거나 까다로운 질문은 없으므로 긴장하지 않고, 신입사원 특유의 패기 있고, 자신 있는 모습을 보여주는 것이 바람직합니다.

기출질문
• 영업인에게 필요한 자질은 무엇인가? • 과거 경험 중 지원분야와 관련 있는 경험은 무엇인가?

회사명	CJ제일제당	업종	음식료
매출액	3조 4,949억 원		
설립일	2007년 9월 1일		
홈페이지	www.cj.co.kr		

<인재상>

- 오픈 마인드
- 유연함
- 책임감

<채용프로세스>

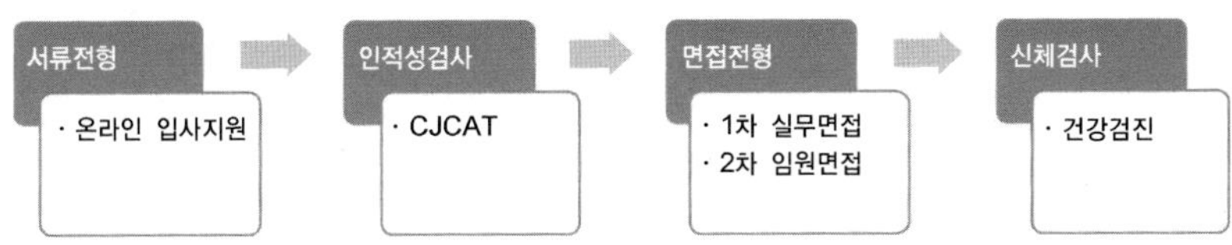

CJ 제일제당의 1차 면접은 역량면접으로 2명의 면접관이 지원자 1명에게 개별로 질문을 합니다. 과거의 경험을 통해서 지원자가 앞으로 어떻게 대하는지를 알아보는 면접으로 약 1시간 가까이 진행됩니다. 이때 자신의 자기소개서 내용을 기초로 질문하기 때문에 자기소개서 내용을 충분히 검토한 후에 면접에 임해야 합니다. 1시간 동안 이루어지는 면접이기 때문에, 솔직하게 논리적으로 자신의 의견을 전달하는 것이 필요합니다. 또 영업직무에 한해서 심층면접도 시행하고 있습니다. 심층면접은 총 8시간 동안 이루어지는 것으로 팀을 이루어 문제를 해결하는 방식으로 진행됩니다. 2차 면접은 3대1 개별면접으로 PT면접과 인성면접으로 진행됩니다. PT면접 진행방식은 사전에 부여받은 키워드로 조합된 내용을 바탕으로 주제에 대해 발표하게 됩니다. 준비시간은 1시간 주어지며 10분 동안 발표 후 질문한 내용을 바탕으로 질의응답을 합니다. 임원 면접은 1차 역량 면접과 비슷하게 자기소개서를 바탕으로 지원자의 품성, 가치관, 자

기출질문

- 대학 시절 가장 기억에 남는 팀 활동은 무엇인가?
  - 팀의 목표 / 팀의 구성인원 현황 / 업무 분담 현황 / 자신은 어떠한 역할
  - 팀원들의 역할 / 문제를 일으키는 팀원 / 어떻게 해결
  - 결과적으로 그 팀 활동을 통해 얻은 것

---

2) 의류업

(1) 취업전략

섬유 및 의류업종은 수출 주도형 업종이다 보니 이 업종의 회사들은 지원자의 협상능력과 영어실력을 중점적으로 살핍니다. LG패션, 제일모직은 해외 영업을 확대하고 있는 만큼 영어 말하기 시험 점수가 우수한 학생들을 선호합니다. 여기에 이랜드와 제일모직은 중국시장에 사업장을 늘리고 있는 만큼 중국어실력 우수자를 우대하고 있습니다. 중국시장에서 탁월한 실적을 올리고 있는 이랜드(衣恋)는 매년 수십 명의 중국인유학생을 채용하고 있습니다. 그리고 LG패션은 패션 시장에 대한 지원자의 견해, 이해도를 파악하기 위해 프레젠테이션 면접을 하고 있습니다. 이에 따라 지원자는 평소에 외국어실력을 다질 필요가 있을뿐더러 발표력을 키워 다른 지원자들과 차별화하는 것이 좋겠습니다.

(2) 기업소개

회사명	이랜드	업종	패션
매출액	1조 6,000억 원		
설립일	1989년 5월 25일		
홈페이지	www.eland.co.kr		

<인재상>

- 정직한 비즈니스를 통해 사회를 섬길 수 있는 사람
- 일의 의미를 알고 자기 주도적으로 일하는 사람
- 사회, 고객, 회사, 동료에게 감사할 수 있는 사람
- 비즈니스의 목적을 사람에 두고 인재를 양성하는 사람

<채용프로세스>

　이랜드의 합숙면접은 1박2일간 조를 구성하여 인성검사, 개별과제, 그룹활동, 토론면접 등의 과정으로 진행됩니다. 개별과제는 논리력, 경제 지식, 회사 관련 지식을 물어보는 문제가 출제됩니다. 그룹활동에서는 임무 과제를 수행하게 되고 과제수행 과정을 평가받게 됩니다. 여기에서 지원자는 표나 수치를 분석할 줄 알아야 하며, 마케팅 전략 및 경제 지식이 필요합니다.

　참고할 점은 이러한 합숙면접의 형태 또한 매년 다소 변동사항이

있기 때문에 채용시기에 따른 채용의 변화에 주목하고 면접 전 발송
되는 공지사항에 대한 숙지가 필요합니다.

기출문제
· 이랜드와 타기업에 채용된다면 어느 곳을 선택하겠나?
· 존경하는 대통령과 존경하는 정치인은 누구이며, 그 이유는 무엇인가?
· 자신이 실패를 했을 때와 그것을 극복한 방법은 무엇인가?
· 기독교가 아닌 경우 이랜드에 입사해서 조직문화에 적응할 수 있겠느냐?

회사명	제일모직	업종	패션
매출액	5조 185억 9,400만원		
설립일	1954년 9월 15일		
홈페이지	www.cii.samsung.co.kr		

<인재상>

· 법과 윤리를 준수하는 사람

· 깨끗한 조직문화를 이끄는 사람

· 고객과 주주, 종업원을 존중하는 사람

· 환경과 안전을 중시하는 사람

· 글로벌 기업 시민으로서 사회적 책임을 다하는 사람

<채용프로세스>

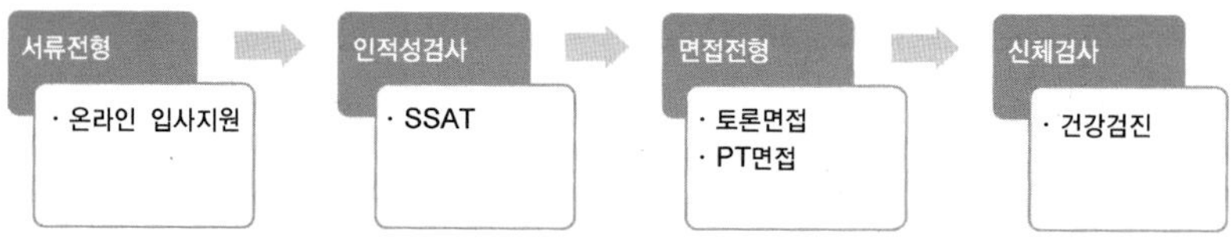

- 공중파 방송에서 프로그램 중간에 광고를 넣는 방법 도입에 대한 찬반토론
- 세계 스포츠 빅 이벤트(올림픽, 월드컵)의 단독중계에 대한 찬반토론

| 기출문제 - PT면접 |

- 1차 반응 공정에서 추가 설비 없이 생산량 증가시키는 방법과 반응인자에 대해 설명해 보고 반응속도를 증가시켜 보아라.
- 최근 한국의 패션사업 규모가 급속도로 성장하고 있다. 온라인 쇼핑몰 등과 같이 유통 동향도 크게 변화하고 있는데, 이런 변화가 제일모직에 미치는 영향에 대해서 이야기하고, 그에 대한 대책을 제시하라.

| 기출문제 - 임원면접 |

- 현 사회가 당면하고 있는 가장 큰 문제는 뭐라고 생각하는가?
- 원하는 직무가 아닌 다른 직무를 맡게 된다면 어떻게 할 것인가?

회사명	LG패션	업종	패션
매출액	7,900억 원		
설립일	2006년 11월 3일		
홈페이지	www.lgfashion.co.kr		

<인재상>

- 창의

- 열정

- 신뢰

<채용프로세스>

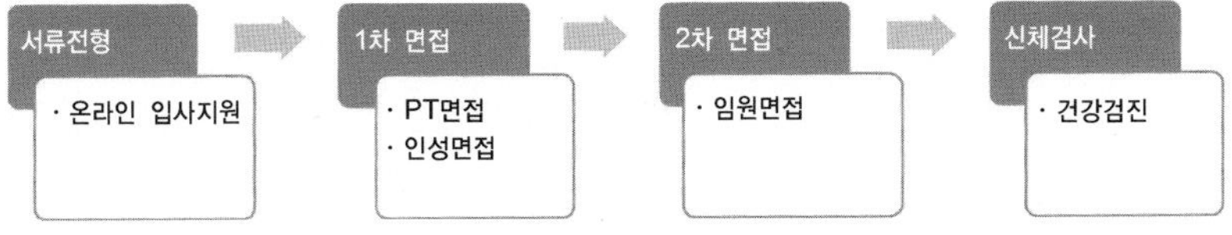

LG패션의 면접은 PT면접, 인성면접으로 구성된 1차 면접과 임원

면접으로 구성된 2차 면접으로 나누어 진행되며 1차 면접의 합격자에 한해서만 2차 면접이 진행됩니다.

1차 면접의 PT면접 당일이나 1차 면접 전에 주어집니다. 보통 주제는 평이하고, 핵심은 회사에 대한 열정과 관심을 표현하는 것이 중요합니다. LG패션의 면접 특징은 1차 면접 시, 복장이 정장이 아닌 캐주얼이라는 것입니다. 이는 면접 시 점수에 절대적인 영향을 미치는 것은 아니지만 아무리 캐주얼복장이라 하여도 면접이라는 특성상 너무 튀거나 단정하지 못한 의상은 좋지 않으며, 깔끔한 비즈니스 캐주얼 정도가 적당할 것으로 생각됩니다. 패션은 자신을 나타내는 가장 효과적인 수단일 수 있습니다. LG패션 1차 면접의 옷차림은 '자신의 패션 감각을 잘 드러낼 수 있는 캐주얼'입니다. 따라서 면접에서 자신이 입고 온 복장에 대한 질문이 있을 수 있습니다. 그러므로 자신의 의상에 대한 적절한 이유와 설명을 준비해야 하며, 이때에는 단순히 옷이 예뻐서, 혹은 자신과 잘 어울려서라는 대답보다 현재 패션산업의 전반적인 동향이나, 유행을 반영하여 자신의 의상을 설명하는 것도 좋습니다.

기출문제 – PT면접
· LG패션 보유 브랜드 1개를 선정 후, 문제점을 분석하고 발전 및 개선방향을 제시
· LG패션 매장에 가 본적이 있는가?
· 다양한 제품을 생산해야 한다고 주장하였는데, 어떠한 생산관리와 재고관리를 해야 된다고 생각하는가?

기출질문 – 인성면접
· LG패션이 어떠한 부분을 더 보완해야 한다고 생각하시나요?
· 패션회사가 들어선다면 어디가 좋은가? 압구정? 명동?
· 열정이란 무엇인가? 그렇다면 그 열정을 1분간 내 앞에서 표현해 보아라.

3) 석유·화학·가스업

(1) 취업전략

톡톡 튀어 보여야 취업 경쟁에서 살아남을 수 있는 요즘, 그렇지 않은 방법으로 인재를 뽑는 회사들이 있는데, 바로 석유 화학 관련 회사들입니다. 석유, 화학 업종의 경우, 방대한 규모의 장치와 자재를 바탕으로 경영하는 관계로 전반적으로 회사 문화가 보수적입니다. 이 때문에 회사들은 믿음직스럽고 진중함이 느껴지는 인재를 선호합니다. 서류전형 과정에서 충성도와 성실성을 많이 따지기 때문에 이 부분을 부각하는 방향으로 이력서나 자기소개서를 작성하는 것이 좋습니다.

(2) 기업소개

회사명	금호석유화학	업종	화학
매출액	3조 8,863억 3,700만 원		
설립일	1976년 12월 10일		
홈페이지	www.kkpc.com		

<인재상>

· 집념의 세계인, 직업에 대한 윤리의식을 갖추고 맡은 직무에 대한 책임의식을 갖춘 프로페셔널로서 업종 1등 기업가치 창출을 위해 매진하는 집념의 금호아시아나인

<채용프로세스>

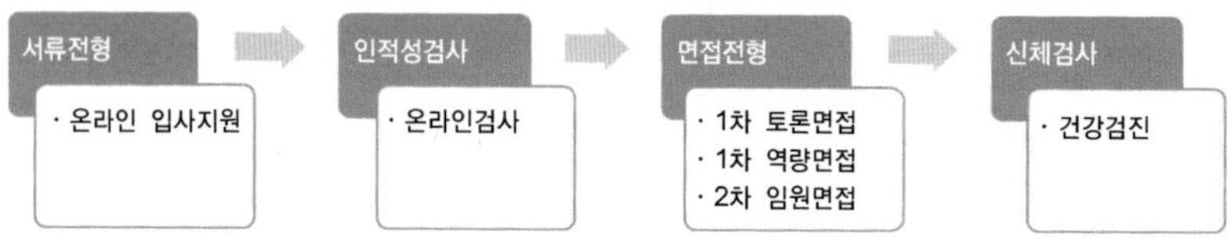

금호석유화학의 채용 특징은 인적성검사를 온라인으로 진행하며, 이때 주의해야 할 점은 검사가 특정한 날짜에 일괄적으로 모두 진행되는 것이 아니라, 일정 기간을 주고 개인적으로 진행해야 하므로 지원자들은 각각의 전형에 대한 정확한 날짜를 파악하고 정해진 기간 내에 모든 전형을 마칠 수 있도록 주의해야 한다는 것입니다.

기출질문 – 토론면접
· 공장자동화시스템 도입을 하면 노사관계는 좋아지는가에 대한 찬반 토론
· 성장과 분배에 관한 찬반 토론

기출질문 – 역량면접
· 회사원과 학생의 차이점은?
· 현 최대의 과제는 공장에서 탄산가스 배출량을 줄이는 것인데, 어떠한 방법이 있는가?
· 회사생활을 하는 데 있어 가장 중요한 덕목이 무엇이라고 생각하는가?

기출질문 – 임원면접
· 신입사원에게 가장 필요한 것이 무엇인가?

회사명	LG화학	업종	화학
매출액	16조 8,504억 5,400만 원		
설립일	2001년 4월 1일		
홈페이지	www.lgchem.co.kr		

<인재상>

- 꿈과 열정을 가지고 세계 최고에 도전하는 사람
- 고객을 최우선으로 생각하고 끊임없이 혁신하는 사람
- 팀워크를 이루며 자율적이고 창의적으로 일하는 사람
- 꾸준히 실력을 배양하여 정정당당하게 경쟁하는 사람

<채용프로세스>

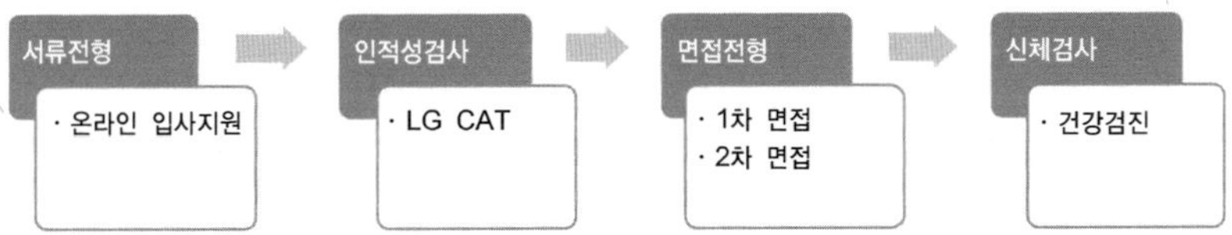

LG화학의 신입채용은 상/하반기 공채뿐 아니라 산학장학생 제도를 통해 선발하는 등 일반 대기업의 채용과 조금 다른 형식으로 인재를 모집하고 있습니다. LG화학의 채용은 1년에 2번 진행되고 있으며, 인력충원이 필요한 경우 수시채용도 병행하고 있기 때문에 지원자들은 이 점에 관한 확인이 필요합니다.

1차 면접은 인성면접, MRI(Multi Round Interview)면접, 영어면접으로 나뉘며, 면접의 진행 순서는 조에 따라 다르게 진행되고 속한 조에 따라 면접의 종료 시각이 다른 예도 있었습니다. 인성면접은 HR담당자가, MRI면접은 실무진이, 영어면접은 Native Speaker가 면접관으로 참석해서 지원자들의 역량을 평가하게 됩니다. MRI면접은 PT면접과 토론면접이 함께 진행되는 형태입니다. 마지막으로 2차 임원 면접에서는 지원한 직무의 팀장을 비롯해 임원진이 참석합니다.

기출 질문 – 인성면접
· 왜 지원했는지에 대한 자기소개를 20초간 해보라. (공통질문)
· 자신의 장점과 우리 회사의 장점에 대해 말해보라. (공통질문)
· 본인이 지원한 분야가 무엇인가?
· 존경하는 CEO는 누구인가?

기출주제 – MRI면접
· 세계 경제 위기 침체 극복방안 (PT면접)
· 강제성이 있는 사회봉사의 장단점 (PT면접)
· LG화학 구성원이 몇 명인지 아는 사람 있나? (전체질문)
· 유체의 특성에 영향을 미치는 대표적 요소에 대해서 얘기해 보아라.
· 출장을 갔는데 지갑을 잃어버려서 여권, 명함 등을 다 잃어버리면 어떻게 하겠는가?

기출문제 – 영어면접
· 1억 달러가 있다면 어느 나라로 보내고 싶은가? 그 이유는 무엇인가?
· 풀밭에 옹기종기 모여 있는 가족들 (사진)
· 카페테리아에서 커피를 마시고 있는 민머리 남자 (사진)

기출질문 – 임원면접
· 학점이 낮은 이유는? 학창시절 등수는 몇 등이었는가?
· LG화학에 아는 사람이 있는가?

회사명	GS칼텍스	업종	정유
매출액	33조 395억 9,300만 원		
설립일	1967년 5월 19일		
홈페이지	www.gscaltex.co.kr		

<인재상>

· GS칼텍스는 조직가치 실천을 지속해서 강화하고, 전략의 효과적 실행 및 변화/혁신 주도를 통해 회사 Vision을 달성할 수 있도록 에너지 리더십 모델을 재정립했습니다. 에너지 리더십은

회사의 인재상을 보다 구체화한 것으로 구성원 모두가 각자의 위치에서 발휘해야 할 필수역량입니다.

<채용프로세스>

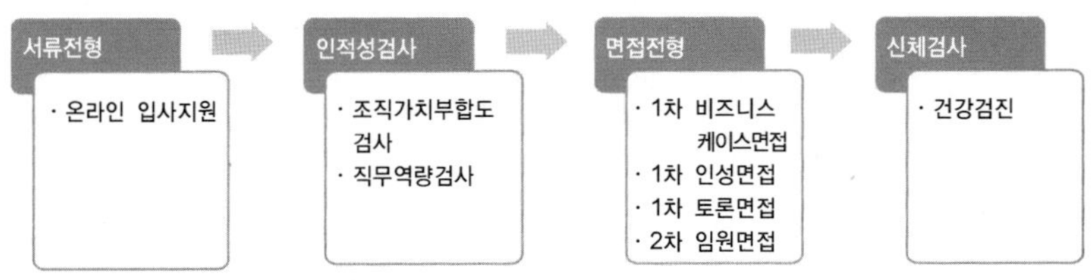

GS칼텍스는 상반기와 하반기로 나누어 채용을 진행하며, 수시로 경력직과 인턴을 모집하고 있습니다. 공채는 지원자격은 4년제 대학(원) 기졸업자 및 졸업예정자를 대상으로 채용이 진행됩니다.

비즈니스케이스면접은 프레젠테이션 면접이 보다 심화한 형태로, 지원자가 여러 개의 주제 중에서 하나를 지원자 본인이 선택할 수 있던 것과는 달리 미리 정해집니다. 주제로는 실제 입사 후 경험하게 될 직무상황 및 업무가 제시되며, 이는 10~15페이지 분량으로 주어집니다. 비즈니스케이스면접이 끝나면 바로 그 자리에서 인성면접이 이어집니다. 토론면접은 면접실에 들어가기 5분 전 주제를 알려주며 같은 조원들과 상의하여 찬성과 반대를 정해 면접에 임하게 됩니다.

- Acetylate 증설 프로젝트를 위해서 주어진 3개의 설계회사 중, 한 곳을 선택해야 한다. 주어진 자료를 통해 한 곳을 선택하라. (상세 자료가 주어짐)
- 당신은 입사 4년차 직원이다. 현재 Alkylation 공정을 설계하는 과정에 있어서 시공사를 선택해야 한다. 세 개의 회사 가운데 어떤 회사를 선택하겠는가? (상세 자료가 주어짐)

| 기출질문 – 인성면접 |

- 어떤 아르바이트를 했는가? 얻은 점은 무엇인가?
- 조직에서 갈등 상황이 발생한다면 어떻게 해결하는 편인가?

| 기출질문 – 임원면접 |

- 영어점수가 낮은 이유는 무엇인가?
- 인구 5만 명인 도시에 주유소를 몇 개나 세워야 할 것 같은가?

회사명	S-Oil	업종	정유
매출액	20조 5,295억 2,300만 원		
설립일	1976년 1월 6일		
홈페이지	www.s-oil.com		

<인재상>

- 회사 Vision 실현에 동참할 진취적인 사람
- 국제적 감각과 자질을 가진 사람
- 자율과 팀워크를 중시하는 사람
- 건전한 가치관과 윤리의식을 가진 사람

<채용프로세스>

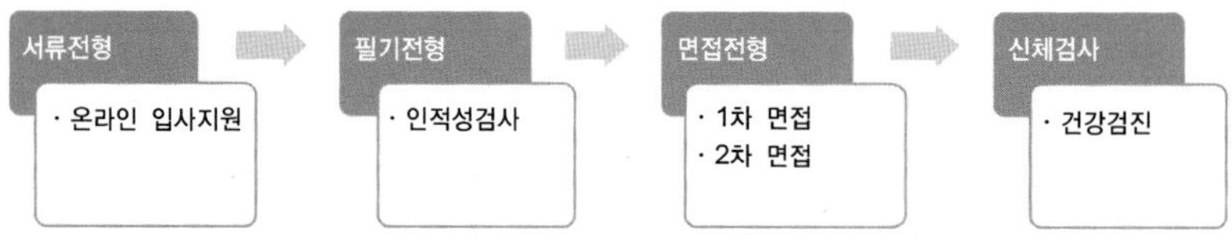

S-Oil의 채용프로세스는 우선 서류전형에 합격한 지원자는 본격적인 면접에 앞서 인적성검사를 일괄적으로 실시합니다. 이렇게 인적성검사에 합격한 지원자들에 한해 1차 실무진 면접이 시행되며, 1차 실무진 면접의 내용은 총 4개 영역(역량면접, PT면접, 영어면접, 토론면접)으로 구분되어 진행됩니다. 1차 면접 합격자는 마지막으로 최종 2차 임원 면접을 시행하며 신체검사를 끝으로 모든 전형이 마무리됩니다.

PT면접은 복수 주제 중 한 가지를 선택해서, 프레젠테이션을 하게 됩니다. 지원자의 창의력을 발휘하여 문제를 해결하는 능력과 회사 및 지원분야, 전공에 대한 전반적인 지식과 이해도를 평가하고자 하는 면접입니다.

인성면접은 지원자가 S-Oil에서 필요로 하는 기본적인 5개의 역량을 보유하고 있는지를 평가하는 질의응답식 구술방식의 개별면접입니다. 질문의 내용이나 순서는 조별로 다를 수 있으나, 그 영역은 같습니다. 다수 면접관이 참석하고 꼬리에 꼬리를 무는 질문이 이어지는 압박의 성향을 띠는 경우가 많습니다. 자기소개서를 바탕으로 한 지원자의 경험 중심으로 질문이 이어지며, 회사나 직무에 대한 질문이 있을 수 있습니다.

영어면접은 Native Speaker 수준의 영어실력을 갖춘 실무진이 면접관으로 참석하여 영어로 질문합니다. 다른 기업의 영어면접과 비슷한 형식으로 진행되며, 질문의 내용은 생활회화 수준으로 크게 어렵지 않습니다.

2차 최종 임원 면접은 본사에서 시행됩니다. 1차 면접의 합격자에 한해서 진행되며 1차 면접과 달리 다수 지원자와 다수 면접관으로 이루어진 집단면접의 형식으로 진행됩니다. 인성질문 외에 회사와 직무와 관련된 질문이 이어집니다.

4) 제약·화장품업

(1) 취업전략

소비자들의 건강한 삶에 대한 욕구는 국내 제약·화장품 업종을 크게 확장시켰습니다. 하지만 내수 시장 경쟁에서 성장에 한계를 느낀 국내 제약·화장품 회사들이 중국이나 동남아 지역 등으로 눈길을 돌리고 있습니다.

또한, 주요 제약사들은 어려움을 극복하기 위해 바이오 의약품 개발과 글로벌 진출 등을 신성장 동력으로 내세우고 있습니다. 국내 의약품 시장에서 수출이 차지하는 비중이 2003년 9.5%에서 2010년 12.6%로 증가했지만, 여전히 원료 의약품과 비선진국 중심으로 수출이 이루어지고 있습니다. 하지만 해외 임상 중인 프로젝트가 가시화되는 2013년 이후에는 선진국으로 수출하는 완제 의약품이 크게 늘 것으로 보고 있습니다.

한국 화장품 시장은 매년 성장해 2010년에는 세계 화장품 시장 점유율이 2.1%로 세계 12위를 기록하였습니다. 화장품 시장은 여성의 경제활동참가율 상승에 따른 1인당 화장품 소비금액 증가, 소비 연령 확대 및 남성 고객 증가, 고기능성 제품에 대한 수요 증가 등으로 빠른 성장이 예상됩니다.

또한, 가파른 중국인 관광객 수 증가, 중국 시장으로의 적극적인 진출 등으로 중국인의 한국 화장품 구매량이 증가하고 있다는 점은 한국 화장품 회사의 장기 성장에 대한 가능성을 높여주고 있습니다.

제약·화장품 회사는 해외 진출이 늘어나면서 영업직 분야에서 외국어 능력을 갖춘 인재를 선호하고 있습니다. 따라서 한국기업에 취업을 원하는 중국인유학생으로서 관심을 가져볼 만한 업종입니다. 그리고 제약과 화장품 업종의 개발 분야는 사람의 신체와 직접 맞닿는 분야이기에 관련 전공에 대한 이해도가 높은 관련 전공자를 채용하는 것이 사실입니다.

(2) 기업소개

회사명	동아제약	업종	의약
매출액	8,468억 2,200만 원		
설립일	1932년 12월 1일		
홈페이지	www.donga.co.kr		

<인재상>

- 유연한 사고와 끊임없는 자기계발로 변혁을 주도하는 창의적인 동아인
- 회사 전체의 이익을 위하여 각자가 정보를 공유하고 힘을 합하여 협동하는 동아인
- 더불어 사는 사회구성원으로서 참여와 실천으로 사회에 공헌하여 봉사하는 동아인

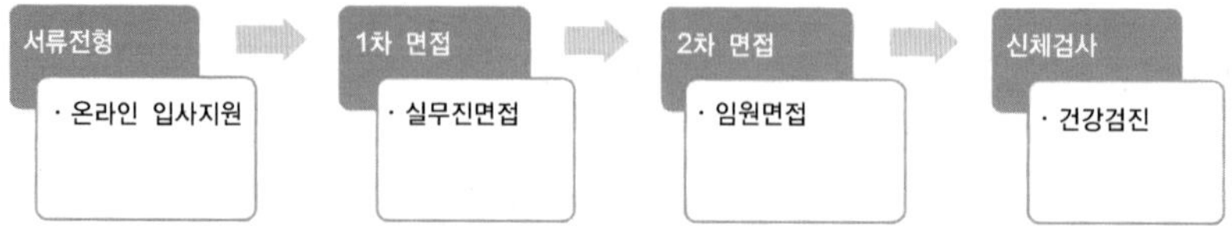

동아제약의 1차 면접은 팀장 면접과 부서장 면접으로, 2회에 걸친 실무진 면접이 진행됩니다. 2차 면접은 1차 면접의 합격자에 한해 실시하고 있으며, 1차 면접과 2차 면접 모두 대부분 내용은 인성 질문으로 구성됩니다. 따라서 타 기업에 비교했을 때 쉬운 프로세스로 진행된다고 할 수 있으며, 예상 가능한 내용이므로 기출질문을 통해 준비한다면 큰 어려움 없이 대비할 수 있습니다. 면접관이 연령대별로 평가 기준에서 약간의 차이가 있기 때문에 더욱 세밀한 평가를 위해 두 차례로 나누어 실시하고 있음을 밝히고 있습니다.

1차 면접은 모두 지원자 1명이 입실하는 1대多 면접으로 진행됩니다. 2차 면접은 임원 면접이며, 1차 면접과 크게 다르지 않은 인성 질문으로 진행됩니다.

회사명	아모레퍼시픽	업종	화장품
매출액	2조 585억 1,400만 원		
설립일	2006년 6월 1일		
홈페이지	www.amorepacific.co.kr		

<인재상>

• 일류회사의 일류사원으로서 정직하게 생활하고 부지런히 일하며 실패를 두려워하지 않는 도전정신으로 인류봉사, 인간존중,

미래창조의 경영이념을 실현할 수 있는 사람

- 언제나 최초와 최고를 추구하는 창조 정신으로 고객과 나 자신의 아름다움을 가꾸고 건강을 지켜 윤택한 생활을 할 수 있도록 실천을 하는 사람
- 나의 일이 회사를 세계 초일류기업으로 성장시키는 초석임에 자부심을 느끼며 아모레퍼시픽 가족의 일원으로서 변치 않을 긍지를 갖고 생활할 수 있는 사람

<채용프로세스>

1차 면접인 전문성 면접은 직무별로 기본실무능력 및 역량을 평가합니다. 면접은 각 현업의 팀장급 임원과 실무자인 면접관 2~3명당 지원자 4명으로 구성되어 직무별로 다르게 진행될 수 있습니다. 따라서 지원한 업무와 관련 산업에 대하여 확실하게 이해하고 자기 생각을 정리하는 것이 필요합니다.

2차 역량면접은 심층 개별면접으로 전문 교육을 받은 역량 면접관에 의해 조별 토론면접과 PT면접으로 진행됩니다. 3차 임원 면접은 희망 직무별로 조를 구성하여 임원진의 최종 심사를 받게 되는데 인성면접으로서 지원자의 입사지원서와 자기소개를 바탕으로 진행됩니다.

기출질문 – 전문성 면접
• 우리 사옥에 들어와서 로비부터 지금까지 있으면서 느낀 점을 말해보라.
• 영업직군에서 엔젤, 지니, 플로바들의 명칭을 알고 있는가?
• 나에게 아모레퍼시픽 제품을 직접 한번 팔아보아라.
• '아시아 뷰티'의 의미를 자신의 생각대로 설명해보라. (영어)

기출질문 – 역량면접
• 교원평가제 찬반 토론 (토론주제)
• 아모레퍼시픽의 사업확장/확대방안 (PT주제)

기출질문 – 임원면접
• 당신이 면접관이라면 함께 있는 지원자 중 누구를 뽑을 것인가? 그 이유는?
• 회사생활에서 가장 중요한 역량은 무엇이라고 생각하는가?

회사명	KCC	업종	생활화학
매출액	3조 3,709억 원		
설립일	1958년 8월 12일		
홈페이지	www.kccworld.co.kr		

<인재상>

- 기본에 충실하고, 조직방향과 일치하는 전문지식을 가진 사람
- 불굴의 의지와 창의력으로 실천하는 사람
- 고객과 조직에 정직하고, 사명감과 책임감을 갖는 사람

<채용프로세스>

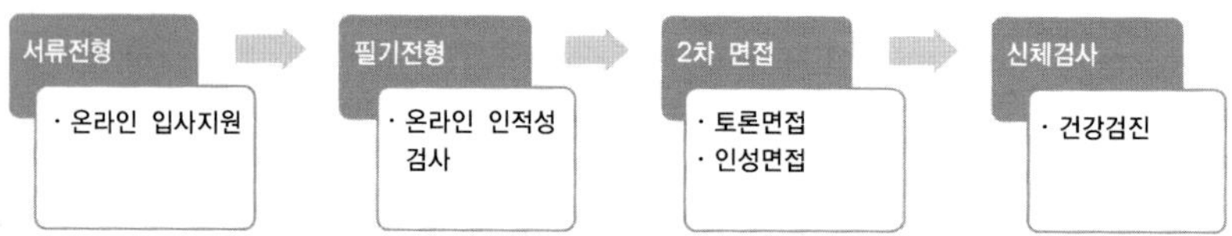

KCC의 면접은 다른 기업들에 비해서 세분화되어 있지는 않지만, 인성면접은 그 안에서도 영어면접이나, 전공과 관련된 질문 등 다양

한 형태의 질문이 시행되므로 더욱 충분히 준비해야 좋은 결과를 얻을 수 있습니다. 총 면접 시간보다 대기하는 시간 자체가 길 수도 있기 때문에, 중간에 긴장을 늦추기 쉬운데, 가능한 한 면접에 임할 때는 진지하게 임하고 약간은 긴장된 상태를 유지할 수 있도록 하는 것이 좋습니다.

면접 당일 예정된 집합시간이 되면 조를 나누고 진행합니다. 그렇기 때문에 지원자들은 절대 늦는 일이 발생하지 않도록 주의해야 합니다. 또한 처음 찾아가는 장소일 경우 장소를 잘 찾지 못해 당황하는 경우가 발생하지 않도록 집합시간 20분 전에는 도착하여 여유를 갖고 준비하는 자세가 필요합니다.

모든 면접은 조별로 이동 및 진행이 되므로 같은 조의 구성원과 가능하면 빨리 친해지는 것이 좋습니다. 이를 통해 심적 안정감을 가질 수 있으며, 회사정보나 면접장에 대한 분위기도 공유할 수 있습니다. 특히 토론면접에서는 서로의 호흡이 잘 맞는다면 원활한 진행에 도움이 될 수 있습니다.

KCC의 토론면접은 전체적으로 자유롭게 진행되며, 주제를 미리 전달하여 준비할 시간을 마련해줍니다. 주제를 보고 그 주제에 대해서 지원자들이 의견을 적절하게 나누고, 경우에 따라서는 사회자를 두고 활발하게 진행됩니다. KCC의 인성면접은 토론면접이 끝난 후 바로 이어 진행됩니다. 분위기는 전반적인 이야기를 말하는 것일 뿐 실제 면접에서는 면접관에 따라서 그 분위기가 판이할 수 있습니다.

5) 기계·자동차·조선업

(1) 취업전략

세계에서 1위를 하는 것이 쉬운 일만은 아닙니다. 조선시장에서 내내 1위 자리를 차지하던 한국이 가격경쟁력에서 중국 조선 회사에 계속 밀려 고전을 면치 못하다가 다시 1위 자리를 되찾았습니다.

조선회사들은 1위 자리를 굳건히 지켜나가기 위해서 사업을 다각화하고 있습니다. 고유가 흐름이 지속하는 가운데 해저 시추선, 액화천연가스(LNG) 운반선 등이 주목을 받고 있습니다. 이에 따라 조선회사들은 고부가가치 사업인 해양 플랜트 사업에 대한 지원을 늘리고 있습니다. 또한, 세계적으로 환경을 보호하기 위해서 규제를 강화하고 있는 가운데 주목받고 있는 친환경 선박 기술 개발에도 뛰어들고 있습니다. 한국정부도 2020년까지 총 3,000억 원을 투입해 녹색 선박 기술 개발 지원과 더불어 인력 양성에 적극 나서겠다고 밝혔습니다.

자동차 회사들은 한미 자유무역협정(FTA) 및 한-유럽연합(EU) FTA

가 발효된 이후 자동차 수출량이 늘었습니다. 이는 한국 자동차에 부과되던 수입관세가 대폭 낮아지면서 다른 나라와의 가격 경쟁에서 우위를 점할 수 있었을 뿐만 아니라 한국차의 이미지가 제고되었기 때문입니다. 자동차 회사들은 이러한 효과 때문에 한·중 FTA에도 기대를 걸고 있습니다.

기계와 자동차, 조선 업종은 현장에서 일하며 현장 근로자와 화합을 도모하며 일해야 하므로 의사소통 능력을 중시합니다. 그래서 삼성중공업과 현대중공업은 토론면접을 진행해 지원자가 주어진 주제에 대해서 어떠한 의견을 가지고 있으며, 자신의 의사를 얼마나 잘 표현하는지를 평가합니다. 삼성중공업은 자사에 대한 질문보다는 동아리 봉사활동에 대한 의견을 주로 물어봅니다.

또 이 업종은 수출 주도산업이어서 외국어 실력을 갖추기를 요구하는데, 현대자동차는 지원자의 실무 영어 실력을 파악하기 위해서 원어민과 한국인 면접관이 함께 들어와서 면접을 봅니다. 현대모비스는 유창한 영어 말하기 실력을 보유해야 지원할 수 있으며 포르투갈어, 스페인어, 체코·슬로바키아어, 러시아어 등 제2외국어를 할 줄 알면 다른 지원자들과 경쟁에서 차별성을 둘 수 있습니다.

(2) 기업소개

회사명	현대자동차	업종	자동차
매출액	36조 7,694억 2,600만 원		
설립일	1968년 1월 1일		
홈페이지	www.hyundai.co.kr		

<인재상>

- 진취적이며 유연한 사고로 변화를 추구하는 인재
- 창의와 기술로 새로운 분야를 개척하며 미래를 예측, 대비하는 인재
- 자기분야 최고의 전문능력으로 생산성 향상을 주도하는 인재
- 능동적인 학습으로 핵심능력을 함양하고 자기분야에 Vision을 가진 인재
- 인간미와 도덕성을 갖추고 타인과 협조하는 인재
- 더불어 사는 사회구성원으로서의 역할과 책임을 다하는 인재

<채용프로세스>

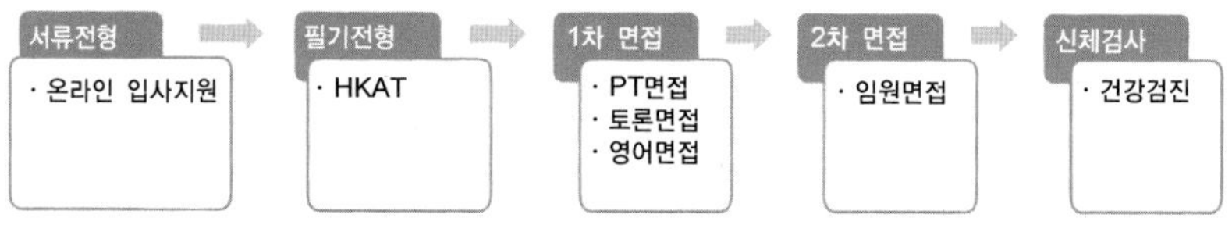

현대자동차의 면접은 多대多의 면접 형태이므로 상대적으로 질문의 수도 적으며 시간이 짧게 느껴질 수 있습니다. 따라서 주어지는 질문 하나하나에 충실히 답변할 필요가 있습니다. 특히 회사에 대한 관심도를 강하게 표현하는 것이 좋은 반응을 이끌어 낼 수 있습니다.

토론면접은 찬반토론이 아닌, 한가지 주제에 대한 해결 방안을 찾아가는 토의를 진행합니다. 토론을 통하여 합의점을 찾은 후 노트북을 이용하여 프레젠테이션 파일을 만들어 대표 한명이 발표를 하는 형식입니다.

영어면접은 조원 모두가 함께 이동하지만 실제 면접은 개별로 이

루어집니다. 면접관은 원어민 1명과 한국인 1명 혹은 한국인 2명으로 구성되는데, 질문은 두 명 중 한 명이 대부분 하게 되며, 나머지 면접관은 주로 지원자의 답변 내용을 채점하는 형태로 진행됩니다.

마지막 임원 면접에서는 면접전형을 통틀어 가장 특징적이라고 할 수 있는 '100초 Speech'가 진행됩니다.

기출질문 – PT면접
· 상용차에 장착되어 있는 안전장치에 대해 아는 대로 설명하고 창의적인 안전장치에 대해 설명해 보라.
· 표면장력이란 무엇인가?

기출주제 – 토론면접
· BRICs를 넘어 Post BRICs로 진출할 수 있을만한 신흥 국가
· 현대자동차가 나아가야 할 방향 토의

기출질문 – 영어면접
· (지문을 읽어준 후) 요약해서 말해보시오.
· 자신의 강점 및 약점에 대해서 말해보시오.

기출질문 – 임원면접
· 자동차 신기술에 대해 아는 것을 이야기 해보라.
· 조직에서 부당한 대우를 받았을 때 어떻게 대응할 것인가?
· 만약, 입사 후 기업의 사회적 책무에 반하는 일을 해야 한다면 어떻게 하겠는가?

회사명	삼성중공업	업종	조선
매출액	13조 539억 900만 원		
설립일	1974년 8월 5일		
홈페이지	www.shi.samsung.co.kr		

<인재상>

· 인간미와 도덕성으로 충만한 마음을 지닌 사람

· 창의와 협력을 바탕으로 미래를 개척해 나가는 창조형의 사람

· 세계시민으로서의 국제 감각과 능력을 갖춘 사람

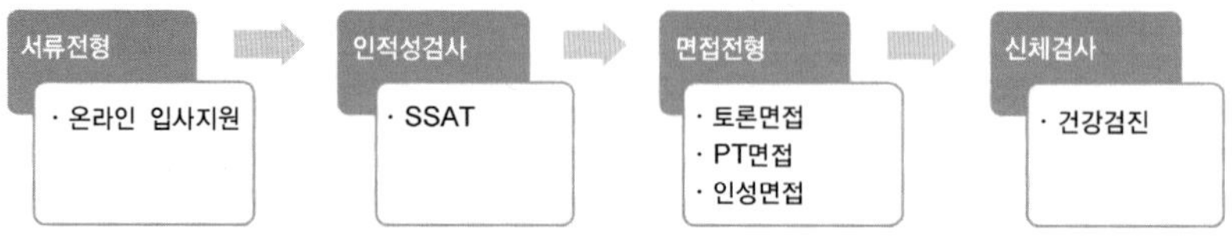

기출주제 – 토론면접
· 담배, 주류의 증세를 인상에 대한 찬반토론
· 환경개발과 환경보존에 대한 찬반토론
· 글로벌 테마파크의 국내 진출에 대한 찬반

기출문제 – PT면접
· 경계층과 관련한 문제
· 온실가스를 줄일 수 있는 방법에 관한 문제
· 친환경 선박, LNG선박에 관한 문제

기출문제 – 임원면접
· 다양한 대외경험과 봉사경험에서 뭘 했고, 뭘 얻었냐?
· 인생의 좌우명은 무엇인가?
· 살면서 가장 힘들었던 경험을 이야기 해보라.

회사명	STX조선해양	업종	조선
매출액	3조 9,401억 6,700만 원		
설립일	1967년 4월 10일		
홈페이지	www.stxship.co.kr		

<인재상>

· 변화를 선도해 나가는 진취적인 사람

· 창의력을 발휘하며 노력하는 사람

· 회사와 동료와 가정의 소중함을 느끼고 감사하는 사람

· 적극적인 행동으로 도전하는 사람

· 자기계발을 통해 미래를 준비하는 사람

<채용프로세스>

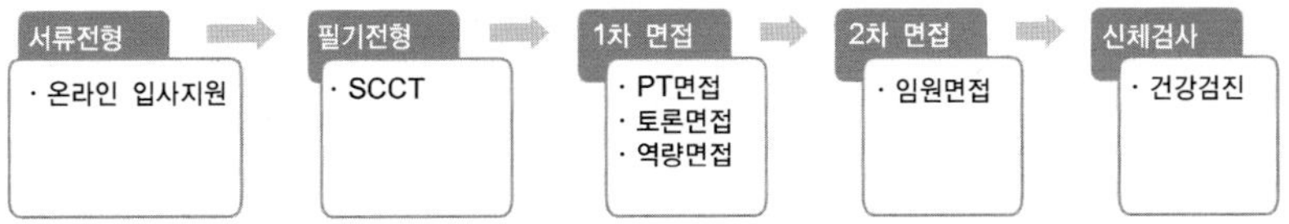

　1차 면접에서 비중이 가장 큰 것은 바로 역량면접입니다. 관계자에 따르면 1차 면접 중 가장 높은 비중을 가지고 있다고 합니다. 2차 면접에서는 지원자의 인성 및 가치관 등에 대해서 평가를 하게 됩니다. 전체적인 면접시간은 보통 10~30분 내외이며, 2차 면접 시에는 한 조의 인원이 1차 면접보다 많아서 시간이 더 짧게 느껴질 수 있습니다.

기출질문 – 역량면접
· 구매직무에 지원을 하였는데, 구매에 있어 가장 중요한 것은 무엇이라고 생각하는가? · 팀워크를 발휘한 경험이 있는가? 본인의 위치는 무엇이었는가? · 살면서 가장 열정적으로 도전해 본 것이 무엇인가?
기출질문 – PT면접
· 중국의 위안화절상에 대한 STX조선해양의 대응방안 · 금속의 열처리 방법에 대해 설명해 보아라.
기출질문 – 토론면접
· 4대 샌드위치론과 한국 조선업이 나아가야 할 방향 · 창의적인 인재는 어떤 사람이라고 생각하는가?
기출질문 – 임원면접
· 자신의 평점 정도는 학교에서 어느 정도 수준인가? · 전공과 상이한 분야에 지원한 이유는?

6) 전기전자 및 반도체업

(1) 취업전략

한국의 전기전자 산업은 1965년 외국 업체들의 제품을 단순 조립 생산한 것에서 시작하였지만, 현재는 세계적으로 경쟁이 치열한 반도체 시장에서 미국, 일본에 이어 세계 3위의 반도체 수출국으로 성장했습니다. 전력 소비량이 적고 많은 양의 정보를 저장할 수 있는 반도체 개발에 노력한 결과, 2009년 스마트폰, 2010년 Tablet PC, 3D, Smart TV 등을 출시하면서 전기전자 및 반도체 산업은 호황기를 맞았습니다.

창의적이고 도전 정신을 요구하는 전기전자 및 반도체 업종에서는 이러한 인재를 뽑기 위해서 인·적성검사를 통해 지원자가 문장추리능력, 자료해석능력, 추리능력, 창의수리사고능력을 지니고 있는지를 평가합니다. 하이닉스와 LG전자, 삼성전자가 이러한 인적성검사를 하고 있습니다. 서류전형 때에도 다양한 경험을 토대로 자기 계발을 해왔는가를 중점적으로 검토합니다. 그리고 LG전자와 삼성전자는 PT면접과 토론면접을 통해서 지원자가 적극적으로 전공에 대한 자신의 의견을 논리적으로 설명할 수 있는지를 살핍니다. 지원자는 동아리 활동으로 다양한 경험을 쌓아둘 필요가 있을 뿐만 아니라 팀 활동 등으로 발표력을 키우고 전공에 대한 자신의 의견을 정리해 면접시험에 대비해 두는 것이 좋습니다.

(2) 기업소개

회사명	삼성전자	업종	전자/전기
매출액	112조 2,494억 7,500만 원		
설립일	1969년 1월 13일		
홈페이지	www.sec.co.kr		

<인재상>

- 창의적 인재
- 도전적 인재
- 글로벌 인재
- 전문 인재

<채용프로세스>

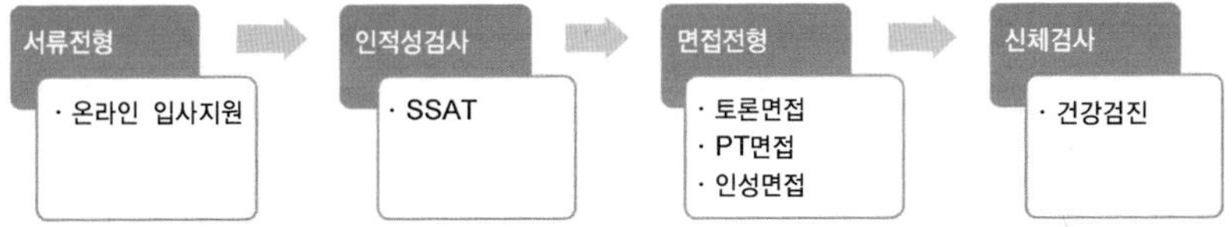

기출주제 – 토론면접

- 은행세제도 실시에 대한 찬반 토론
- 호화 청사에 대한 찬반 토론
- 기업의 사회적 책임의 범위(도의적/법적)에 대한 문제

기출문제 – PT면접

- LCD TV의 내부 열 분포를 균일하게 할 수 있는 방법
- 반도체 세정과 관련된 문제
- 텔레비전의 두께를 얇게 하는 방법에 대해서 말해보라.

기출문제 – 임원면접

- 윗사람을 대하는 자세란 무엇이라고 생각하는가?
- 당신을 채용해야 하는 이유가 무엇인가?
- 삼성의 장점과 단점을 세 개씩 말해보라.

회사명	LG전자	업종	전자/전기
매출액	56조 원		
설립일	1958년 10월		
홈페이지	www.lge.co.kr		

<인재상>

- 인간미와 도덕성으로 충만한 마음을 지닌 사람
- 창의와 협력을 바탕으로 미래를 개척해 나가는 창조형의 사람
- 세계시민으로서의 국제 감각과 능력을 갖춘 사람

<채용프로세스>

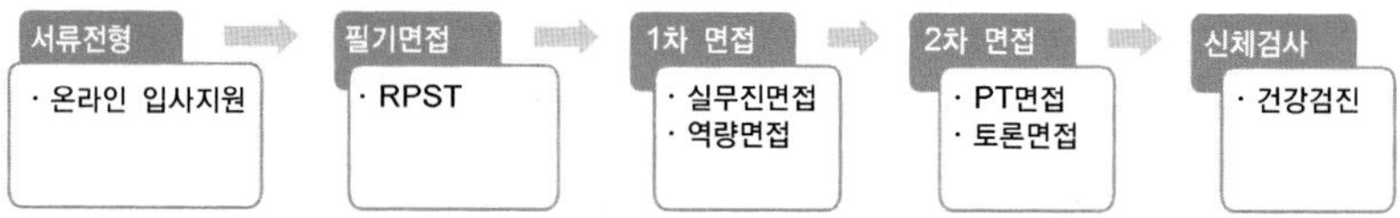

기출질문 – 실무진면접

- 반데르발스 힘이란 무엇인가?
- 매그너스이펙트가 무엇인가?
- 공작기계에 대해서 설명해 보아라.

기출질문 – 영어면접

- 회사생활을 위해 사원이 가져야 될 능력은 무엇인가?
- 자신의 비전과 달성 계획은 무엇인가?

기출질문 – PT면접

- 4대 역학과 전자제품의 연관성
- 미래 환경 변화와 가전사업 동향을 고려하여 차세대 사업/제품에 대한 구상을 논리적으로 전개하라.
- LG전자 마케팅 관련된 내용으로 자유주제 선정 후 발표

기출질문 – 토론면접

- 멀티플렉스로 결정하여 토론을 진행하고 있는 도중에 멀티플렉스의 추진이 어려운 상황에 처했다. 다음으로 어떠한 시설이 들어오는 것이 좋을지 의견을 말해보라.

회사명	하이닉스반도체	업종	반도체
매출액	11조 9,734억 2,600만원		
설립일	1983년 2월 1일		
홈페이지	www.hynix.co.kr		

<인재상>

- 폭넓은 사고와 지속적 혁신을 지향하는 신지식인
- 긍정적 사고로 조직목표를 달성하는 창조적 협조자
- 보다 나은 고객가치 제공을 위해 노력하는 행동인
- 투명한 사명감으로 사회와 환경의 요구사항을 실천하는 윤리인

<채용프로세스>

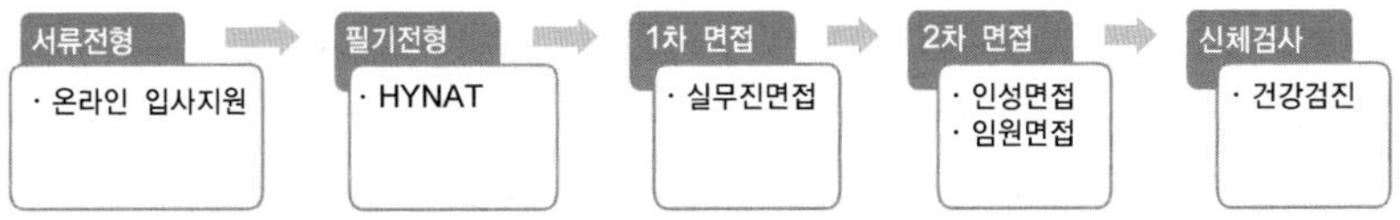

하이닉스반도체의 면접전형은 인적성검사(HYNAT)에 합격한 지원자에 한해 진행이 되며, 총 2단계에 걸쳐 진행됩니다.

1차 면접은 실무진 면접으로 보통 역량질문과 전공질문이 함께 출제됩니다. 또한, 하이닉스반도체와 관련된 회사개요 질문도 빠지지 않고 출제되고 있습니다.

2차 면접은 인성검사 시행 후 조를 나누어 조별로 임원 면접이 진행됩니다. 질문의 내용 또한 앞의 1차 면접과 같이 인성, 전공, 시사, 회사개요 등과 관련된 다양한 분야에서 출제되며, 자기소개는 상황에 따라 진행되거나 생략될 수 있습니다.

- 사회생활을 하면서 가장 중요하다고 생각하는 것 2가지를 말해보라.
- 도전적으로 임했던 경험이 있다면 답해보라. (영어)
- 특정 전공과목에서 배운 것과 성취한 것이 무엇인가?

- 동아리에서 뭘 했고 어떤 일을 주로 했는가?
- 하이닉스의 앞으로의 전략을 구상한다면?
- 부하가 현실성 없는 계획서를 내밀며 계속 승낙해 달라고 한다면 어떻게 하겠는가?

7) IT 및 통신업

(1) 취업전략

IT 또는 통신업종은 어려운 여건 속에서도 이를 극복해내는 승부근성이 있고, 맡은 일을 끝까지 완수해 내는 인재를 선호합니다. 그래서 SK텔레콤은 지원자의 인내력과 성실성을 효과적으로 평가할 수 있는 합숙면접을 진행하고 있습니다. 합숙하는 내내 Case면접, 개인과제, 그룹과제, 영어면접 등 다양한 활동을 통해 회사 인재상과 맞는 지 판단합니다. LG유플러스는 준비된 인사를 채용하기 위해서 상시 지원 채용을 하고 있습니다. 지원자가 제출한 입사지원서는 LG유플러스 인사 데이터베이스에 보관하고 있다가 결원 발생 시 우선으로 채용이 이뤄집니다.

(2) 기업소개

회사명	KT	업종	통신
매출액	20조 2,335억 1,600만 원		
설립일	1982년 1월 1일		
홈페이지	www.kt.com		

<인재상>

- 고객의 요구를 발굴하고 충족시킴으로써 고객감동을 실현하는 인재
- 새롭고 창조적인 의견을 용기 있게 제시하고 성과를 내는 사람
- 일을 자아실현과 인생을 완성하는 수단으로 여기며, 매사에 소명의식을 가지고 끝까지 해내는 사람
- 인간미와 책임감 있는 일처리를 바탕으로 고객의 믿음과 감동을 이끌어 낼 수 있는 사람

<채용프로세스>

인적성검사 합격자에 한해서 1차 실무진 면접과 2차 임원 면접이 진행됩니다. 실무진 면접은 KT가 요구하는 핵심역량을 갖추고 있는지 평가하며 PT, 직무역량면접, 토론면접으로 나뉘어 진행됩니다. KT 면접의 특징은 면접관에게 이름과 자기소개서만 제공되는 블라인드 면접으로 진행된다는 것입니다. PT면접은 약 1주일 전쯤 통보

되며, 그에 대한 자료를 준비해와야 합니다.

　토론면접 역시 논리력이나 발표력 등과 같은 토론하는 모습을 평
가하는 것이 아니라 창의력과 관련된 문제에 대해 얼마나 새로운 해
결책을 많이 제시하는지가 중요한 요인이 됩니다. 2차 면접은 임원
면접으로 시사적인 내용과 회사에 대한 열정과 입사의지를 파악하
는 질문을 줍니다.

기출질문 – 역량면접
• 3년 후 통신시장은 어떻게 바뀌겠는가?

기출질문 – PT면접
• KT의 잠재적 경쟁자와 그 경쟁에서 KT가 살아남기 위한 방안 (현실 가능성) • KT사업(상품) 관련 분석, 광고, 홍보, 기술 등에 관한 아이디어 관련

기출질문 – 임원면접
• KT에 대해서 알고 있는 것을 말해보라. • 프로젝트, 공모전, 동아리 활동 등이 KT입사 후 어떤 도움이 될 수 있는가?

회사명	LG유플러스	업종	통신
매출액	8조 4,985억 700만 원		
설립일	1996년 7월 11일		
홈페이지	www.lguplus.co.kr		

　<인재상>

　• 도전적 자세와 열정을 바탕으로 끊임없이 혁신을 추구하는 사람

　• 더불어 일하는 조직의 구성원으로서 서로 신뢰하고 존중하는
　　가운데 자신의 역할과 책임을 다 하는 사람

　• 비전을 공유하고 목표달성을 위해 주도적으로 계획, 실천해서
　　가치를 창출하는 사람

<채용프로세스>

　　LG유플러스 채용의 특징은 인턴십을 거쳐야 한다는 것입니다. 면접전형을 마친 후, 인턴십의 형태로 채용해서 6주간 근무를 하게 됩니다. LG유플러스 면접전형의 특징은 일반적인 형태의 면접이 진행된다는 것입니다. 즉, PT, 토론, 외국어 면접의 형태가 아닌 실무진 면접과 임원 면접으로 진행되며 모두 인성면접의 성격입니다.

기출질문 – 실무진면접
· 자신을 다섯 글자로 표현해보라.
· 고객이 말도 안 되는 클레임을 걸어 온다면 어떻게 대처하겠는가?
· 세계에 음식점이 몇 개나 있는가?

기출질문 – 임원면접
· 남들과 경쟁에서 살아남을 수 있는 자신만의 노하우가 있다면 어떤 것인가?
· 지원직무와 전공이 연관성이 없는데, 전공자들보다 역량을 발휘할 수 있는가?

회사명	SK텔레콤	업종	통신
매출액	12조 4,599억 9,000만 원		
설립일	1984년 3월 29일		
홈페이지	www.sktelecom.com		

<인재상>

· 오늘날 기업이 가장 필요로 하는 요소 중 하나는 창의력입니다. 과거에 얽매이지 않고 미래를 향해 도전할 줄 아는 진취적이고 창의적인 사람, 그것이 SK텔레콤이 바라는 인재입니다.

<채용프로세스>

SK텔레콤의 합숙면접은 1박2일간 조를 구성하여 그룹활동, 개별 과제, 역량면접 등의 과정으로 진행됩니다. 그룹활동에서는 임무 과제를 수행하게 되고 과제수행 과정을 평가받게 됩니다. 개별과 제에서는 주어진 주제를 바탕으로 에세이를 작성하게 되고 역량면 접에서는 주어진 문제를 분석한 후 정리하여 발표하는 것으로 진 행됩니다.

참고할 점은 이러한 합숙면접의 형태 또한 매년 다소 변동사항이 있기 때문에 채용시기에 따른 채용의 변화에 주목하고 면접 전 발송 되는 공지사항에 대한 숙지가 필요합니다.

합숙면접
· Business Case 1, 2 면접: 발표 + 토의면접
· Business Case 3 면접: 개별 Essay 작성
· Group Project: 기획안 작성
· 팀장면접: 1 대 多 면접
· 개인과제 A: PT발표
· 개인과제 B, C: 개별 Essay 작성

기출문제 - 팀장 및 임원면접
· 자신의 장점을 애기해보라.
· 자기소개서에 나타난 ○○○ 경험에 대해서 말해보라.
· SKT에 들어온다면 어떤 일을 하고 싶은가?
· 살면서 창의력을 발휘했던 경험은 어떤 것이 있는가?
· 직무에 있어서 필요한 자질 및 소양은 무엇인가?
· 앞으로의 사업 방향에 대하여 이야기해 보아라.

8) 도소매 및 유통 무역업

(1) 취업전략

백화점은 외국인 관광객을 대상으로 한 마케팅을 강화하고 있습니다. 그리고 아웃렛, 복합 쇼핑몰, 프리미엄 온라인 몰 등 유통 채널을 다양화해 기존 사업을 확대하고 있습니다. 대형할인점도 창고형 할인점, 샵인샵매장, 전문점, 복합 매장 등 다양한 형태의 매장을 확대할 계획입니다. 특히 롯데마트는 인도네시아, 중국, 베트남 등에 신규 매장을 열어 해외시장 확대에 총력을 기울이고 있습니다. 또 '저렴한 가격'에 대한 소비자의 요구에 부응하기 위해서 자체 상품 (PB) 개발과 이윤 최소화로 경쟁력을 키우고 있습니다. 그리고 오프라인 배송시스템 확대 등으로 자구책을 마련하고 있습니다.

홈쇼핑은 해외 진출을 더욱 활발하게 진행하고 있습니다. CJ오쇼핑은 중국 광둥성과 베트남에 진출해 좋은 성과를 내고 있습니다. 취업을 원하는 중국인유학생들이 관심을 둘 업종입니다. GS샵도 동남아 신흥시장에 적극 진출하여 신성장 동력을 확보해 나간다는 전략입니다.

도소매 및 유통회사들은 경쟁이 치열한 상황인 만큼 지원자가 마케팅 능력을 얼마나 발휘할 수 있는지를 주로 파악합니다. 신세계 이마트와 홈플러스는 다른 유통회사들의 장단점을 파악하고 있는지, 회사가 추진하고 있는 사업에 대한 정보는 얼마나 알고 있는지를 토론면접을 통해 평가합니다. 그리고 이마트는 영어면접, 홈플러스는 영어토론면접을 통해 어학 실력 또한 갖추고 있는지 파악합니다. 롯데백화점은 최근 글로벌 도약을 위해 다양한 마케팅 실무 경험과 인턴 경험을 가졌을 뿐만 아니라 강한 리더십을 발휘할 수 있는 인재를 선발하겠다고 밝혔습니다.

(2) 기업소개

회사명	LG상사	업종	운송
매출액	6조 698억 9,500만 원		
설립일	1953년 12월 1일		
홈페이지	www.lgicorp.com		

<인재상>

- 고객은 우리를 존재하게 하는 근본이고 가치 창출의 원천으로 언제 어디서나 고객과 함께 성장 발전한다는 공동운명체 의식을 지니고 있는 인재
- '자율'과 '창의'를 가지고 고객과 가장 가까이에서 고객의 소리를 듣고 고객 NEEDS의 대응력을 높여 나가는 인재
- 초우량 기업의 일원으로서 현재에 만족하거나 안주하지 않고 변화에 능동적으로 대처하며 실천과 행동을 통한 변화와 혁신으로 도전의식을 발휘하는 인재
- 현재의 위기에 대해 항상 긍정적으로 대응하고 이를 새로운 사업의 기회로 연결시키는 인재
- 고객의 비즈니스 시스템 전반에 대해 서비스 기능을 제공함으로써 항상 새로운 가치를 창출하며 기업의 사회적 책임을 다하고 고객과 함께 성장 발전하는 인재

- 넓고 긴 안목을 가지고 무한경쟁시대에서 회사의 비교우위를 창출할 수 있는 국제 경쟁력을 갖춘 인재
- 아마추어와 반대되는 직업전문가 혹은 전문직업인으로서 실력과 자질을 갖추고 맡은 분야의 제1인자가 되기 위해 부단히 노력하는 인재

<채용프로세스>

LG상사의 면접은 PT면접과 영어면접을 포함한 실무면접과 인성면접으로 진행되는 임원 면접으로 구성되어 두 차례로 나누어 시행됩니다.

1차 면접은 PT면접과 외국어 회화면접으로 나누는데, PT면접은 자기소개 및 주제발표입니다. 특이한 점은 자신을 가장 잘 표현할 수 있는 주제로 본인만의 관점과 비전을 제시할 수 있는 주제를 선택하여 3분 동안 발표하는 것입니다. 짧은 시간 안에 핵심내용을 전달하는 면접이기 때문에, 사전에 철저한 준비가 필요합니다. 주제발표가 끝나게 되면 영어회화 테스트를 하는데, 영어는 공통으로 시행하고, 제2외국어면접도 진행하고 있습니다.

2차 면접은 상당히 밝은 분위기에서 진행되며, 지원자들을 배려하는 것을 느낄 수 있습니다. 일부 지원자에게는 영어 및 제2외국어 질문도 주어지기 때문에 지원자들은 이에 대한 대비가 필요합니다.

기출질문 – 영어면접

- 취미가 무엇인가?
- 해외 체류경험과 체류 국가에 대한 느낌 및 생각을 말해보라.

기출질문 – 인성면접

- 미소가 인상적인데 의식하고 있는 것인가 아니면 원래 그런 표정인가?
- 1차 때 외국어면접 성적이 안 좋다. 왜 그런 것인가? 외국어로 그 이유를 설명해보라.
- 회사에 궁금한 점이 있는가?

회사명	신세계	업종	유통
매출액	11조 251억 4,900만 원		
설립일	1955년 12월 9일		
홈페이지	www.shinsegae.com		

<인재상>

- 도덕인
- 전문인
- 실천인

<채용프로세스>

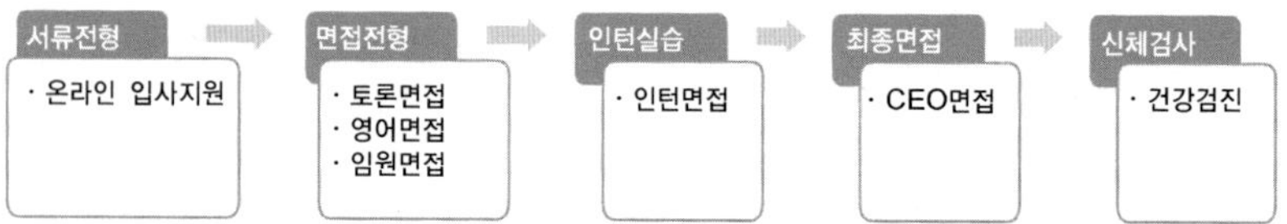

신세계 공채는 인턴십 프로그램을 거친 지원자를 대상으로 선발하고 있습니다. 따라서 인턴채용에 미리 준비해야 합니다. 신세계는 백화점 부분과 이마트 부분으로 나누어 채용을 진행하고 있습니다. 인턴기간은 기존에는 6주간 진행되었지만, 2009년에는 5주간 진행

되었고, 2010년 하반기에는 합숙교육 1주, 실습 6주, 학기 중 과제수행 3개월로 진행되었습니다.

신세계의 토론면접은 독창적인 면을 평가하는 부분이 많은 편입니다. 주어진 주제에 대해 개인의 생각을 이야기하고, 조원들과 함께 협력해서 결과를 도출해내야 합니다. 조원끼리 중복되는 의견은 없는지, 어떤 식으로 토론을 이끌어내고, 어떤 결론을 유도할지 미리 의논한다면 토론을 수월하게 진행할 수 있습니다.

영어면접은 한국인 1명과 원어민 1명으로 구성되어 기본 회화능력을 검증하는 형태로 종이 1장에 8개의 상황을 주고, 영어로 표현하는 것으로 실시하게 됩니다. 임원 면접은 다른 인성면접과 비슷하게 진행되며 4인 1조로 들어가게 됩니다. 주로 자기소개서 및 시사, 회사와 관련된 질문을 하므로 이에 대해 준비를 하는 것이 중요합니다.

기출주제 – 토론면접
· 복합쇼핑몰 내의 임대점포의 성공방안에 대해
· PL상품의 문제점과 개선방안에 대하여
· 세계경제 침체로 인해 소비자의 소비심리가 위축되고 있다. 당신이 유통업자라면 어떻게 소비를 활성화시킬 것인가?

기출질문 – 영어면접
· 지원동기 (공통질문)
· 토론면접에서 했던 주제에 대해 설명하라.

기출질문 – 임원면접
· 자신의 전공에 대해서 말해보라.
· 신세계에서 근무하면 본인의 어떤 역량이 도움이 되겠는가?

회사명	삼성물산	업종	상사
매출액	13조 440억 7,600만 원		
설립일	1952년 1월 11일		
홈페이지	www.samsungcnt.co.kr		

<인재상>

- 기(基): 원칙과 기본이 바로 선 인재
- 창(創): 새로운 사업기회를 창출해 나가는 인재
- 전(專): 무한경쟁시대에 능동적으로 대응할 수 있는 인재
- 협(協): 적극적 협력으로 종합력을 발휘하는 인재

<채용프로세스>

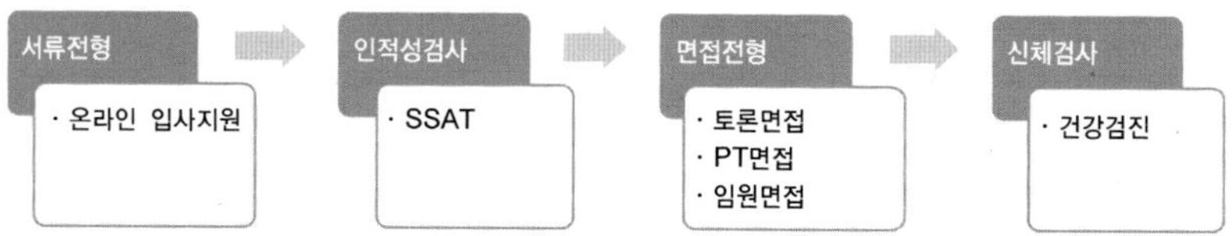

기출주제 – 토론면접
· 인터넷 실명제에 대한 찬반토론
· 지적재산권 보호에 관한 찬반 토론
기출문제 – PT면접
· 무역 계약이나 운송에서 일어 날수 있는 상황에 대한 대처방법 (상황설정)
기출문제 – 임원면접
· 인생이나 가치관에서 중요한 단어 하나를 말한다면?
· 내부고발자에 대해서 어떻게 생각하는가?

9) 관광·서비스업

(1) 취업전략

경제가 성장하면서 일하기만을 강조해 왔던 지난날과는 달리 여

가의 중요성이 주목받으면서 여행을 즐기는 사람, 휴식을 즐기는 사람이 점점 늘어나고 있습니다. 이러한 사람들의 욕구를 충족시키기 위해 관광 및 서비스, 호텔 업종은 사업을 다각화·다양화하고 있습니다.

한류 열풍으로 중국 여행객은 물론 동남아시아 여행객이 늘고 있지만, 한국의 숙박은 수급 불균형을 이루고 있는 게 사실입니다. 이러한 한계를 인식한 숙박회사들이 외국인 수요를 맞추기 위해서 호텔 공급을 확대할 계획을 세우고 있습니다. 서울권 특급호텔은 수시 채용을 하는 회사들이 많은데 신라호텔과 그랜드힐튼호텔은 진행 중인 채용이 없더라도 자사 홈페이지를 통해 구직자의 이력서를 입력하면 결원이 발생했을 때 먼저 검토하기 때문에 지원자는 홈페이지에 미리 자신의 인적 사항을 올려놓는 것도 좋은 방법입니다.

항공사의 경우 기본적으로 한국인은 물론 외국인 고객도 상대해야 하기에 외국어 실력을 갖춰야 합니다. 대한항공과 아시아나항공은 승무원을 뽑을 때, 영어 구술 테스트를 하고 있습니다. 또 고객의 안전을 책임져야 할 뿐만 아니라 장기간 비행 등 체력이 뒷받침되어야 하므로 체력 검사를 실시하는 곳도 있습니다. 한국기업에 취업을 원하는 중국인유학생들이 관심을 둬볼 만한 업종입니다.

(2) 기업소개

회사명	한화호텔앤드리조트	업종	리조트
매출액	9,400억 원		
설립일	1979년 3월 20일		
홈페이지	www.hwhnr.com		

<인재상>

· 신의를 지키는 사람

· 창의와 열정을 갖고 도전하는 사람

· 맡은 분야에서 최고의 전문성을 지닌 사람

· 국제적 감각과 능력을 갖춘 사람

<채용프로세스>

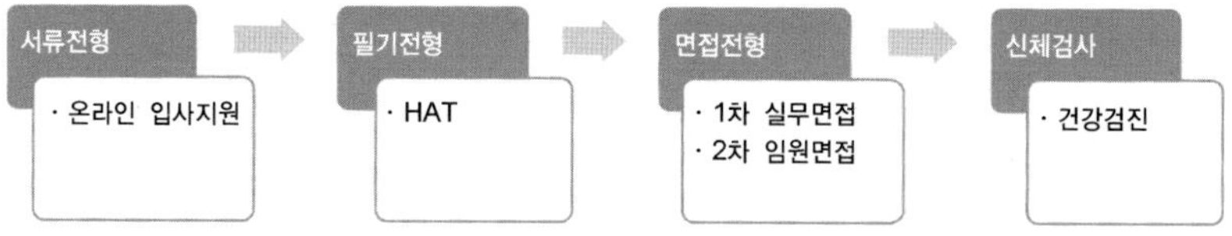

1차 면접은 실무면접으로 진행됩니다. 면접자 6명에 면접관 2명으로 구성되어 면접이 진행됩니다. 30초 자기소개를 시작으로 본격적인 면접이 진행됩니다. 이때 자기소개는 직무와 연관된 것으로 자신의 강점을 잘 어필하면 좋습니다. 자기소개가 끝나면 차례대로 자기소개서를 바탕으로 한 질문을 하게 됩니다. 이력서와 자기소개서를 바탕으로 한 질문이 주를 이루며 이때 면접자는 본인의 역량과 경험이 해당 직무에 어떻게 기여할 수 있을지에 대해 답변을 하는

것이 좋습니다. 그렇기 때문에 면접전 회사와 직무에 대한 이해를 바탕으로 회사에서 하고 싶은 것과 할 수 있는 것을 명확히 해서 면접에 임하는 것이 좋습니다. 이력서와 자기소개서와 관련된 질문이 주를 이루기 때문에 예상 질문과 답변 리스트를 만들어 이에 준비하는 것이 좋습니다.

2차 면접은 임원 면접입니다. 1차 면접 합격자에 한해 기회가 주어지며, 집단면접입니다. 多 대 多 면접으로 진행이 됩니다. 이때 참여하는 면접관은 임원급이므로 지원자들은 심리적인 큰 압박감을 느낄 수 있습니다. 임원 면접은 인성 면접으로 진행되기 때문에 그 형식이 특별하다기보다는 지원자에 대한 최종적인 평가로서 그 중요도가 높다고 할 수 있습니다. 질문의 내용은 크게 어렵지 않으며, 중요한 것은 자신감 있고 적극적인 모습을 보이는 것입니다.

기출질문
• 한화호텔앤리조트에서 어떤 일을 하고 싶은지 말해보아라.
• 비전공자인데 다른 전공자들에 비해서 전공능력이 부족할 텐데 어떻게 극복하겠는가?

회사명	대한항공	업종	항공 운송업
매출액	11조 4,605억 2,200만 원		
설립일	1962년 6월 19일		
홈페이지	www.koreanair.co.kr		

<인재상>
- 항상 무엇인가를 개선하고자 하는 의지를 갖고 변화를 통해 새로운 가치를 창조해내고자 하는 진취적인 성향의 소유자
- 단정한 용모와 깔끔한 매너, 따뜻한 가슴으로 고객을 배려하는

서비스정신과 올바른 예절을 지닌 사람

- 자기 중심사고를 탈피하여 세계의 다양한 문화를 이해할 수 있는
세계인으로서의 안목과 자질을 갖춘 국제적인 감각의 소유자
- 작은 일이라도 책임감을 가지고 완수하며 원만한 대인관계를
유지해 나가는 성실한 조직인

<채용프로세스>

대한항공의 1차 면접은 집단토론면접과 개별역량면접으로 이루어집니다. 이 외에 하나의 전형으로 구분할 수는 없지만 간단한 개별 PT또한 포함됩니다. 토론의 주제는 최근 이슈화된 시사 관련이기 때문에 최신 이슈와 기출제된 주제를 미리 학습하는 노력이 필요합니다.

1차 면접 합격자를 대상으로 KALSAT가 시행되는데, 인성검사와 직무능력 검사로 구성되어 있습니다. KALSAT는 그 자체로는 당락이 결정되지 않으며, 참고자료 정도로 활용됩니다.

2차 면접은 영어면접과 임원 면접으로 구성되어 있습니다. 영어면접은 원어민면접관과 대화를 나누는 방식으로 이루어지며, 이어서 임원 면접이 진행되고 최종 합격자에 한해 건강검진을 하는 방식으로 채용프로세스가 이루어집니다.

기출주제 - 토론면접

- 대기업/신문사의 방송진출에 대한 찬반
- 흉악범의 신상공개 찬반

기출질문 - 역량면접

- 대한항공의 CRM 전략이 무엇인가?
- 대한항공 홈페이지 개선점은 무엇인가?
- 대한항공이 새로 도입하려는 비행기의 기종이 뭔지 말하고 각각의 특징을 말해보라.

기출질문 - 영어면접

- 학교 다니면서 한 활동이 무엇인가?
- 대한항공과 아시아나항공의 차이는 무엇이라고 생각하나?
- 고객을 대하는 서비스 마인드란 무엇이라고 생각하는가?

기출질문 - 임원면접

- 다른 나라의 공항을 보고 본인이 느낀 점이 무엇인가?
- 대한 항공을 타 본 적이 있는가? 개선해야 될 점이 무엇이라고 생각하는가?

회사명	아시아나항공	업종	항공 운송업
매출액	5조 726억 1,300만 원		
설립일	1988년 2월 11일		
홈페이지	www.flyasiana.com		

<인재상>

- 직업에 대한 윤리의식을 갖추고 맡은 직무에 대한 책임의식을 갖춘 프로페셔널로서 업계 최고 1등 기업가치 창출을 위해 매진하는 집념의 금호아시아나인

<채용프로세스>

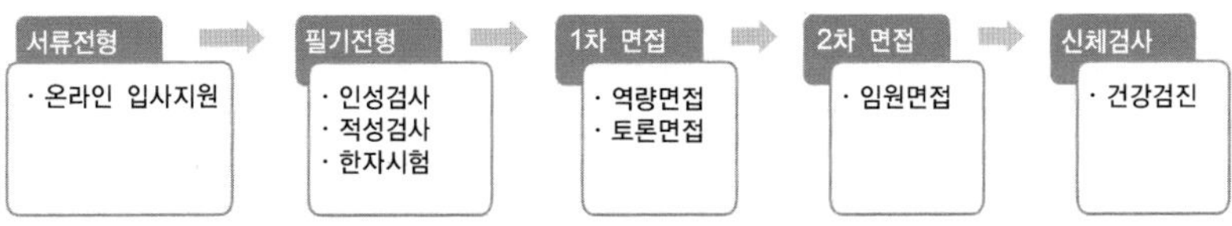

아시아나항공의 면접은 인적성검사와 한자시험을 본 후 역량면접, 토론면접, 인성면접을 한번에 치르는 방식입니다. 역량면접은 3~4인 1조로 한 가지 주제를 제시하고 자기소개 대신 그 주제에 대한 자기 생각을 발표한 후 자기소개서 및 경험 위주의 질의응답으로 50분 정도 진행됩니다. 토론면접은 6~8인 1조로 진행되며 엄격히 말하면 토론이 아닌 토의형식으로 진행되기 때문에 서로 의견 교환만 있을 뿐 따로 결론을 짓거나, 합의를 이끌어 낼 필요가 없으며, 사회자를 따로 지정할 필요는 없습니다. 임원 면접은 전반적인 다른 기업의 임원면접과 비슷한 형식이고 주로 인성위주의 질문이 출제됩니다. 또한, 아시아나항공은 서비스업 회사이기 때문에 면접 시 지원자들은 표정과 용모에도 특히 유의해야 합니다.

기출질문 – 역량면접
• 자신이 도전하여 얻은 산물과 경험담
• 아시아나항공과 대한항공이 어떤 국제 항공 동맹체에 가입되어 있는가?

기출질문 – 토론면접
• 범죄예방을 위해 CCTV 설치를 하는 것은 바람직한가?
• 간통죄 존폐여부에 관한 찬반토론

기출질문 – 임원면접
• 영업 서비스 직군에서 필요한 역량이 무엇이라고 생각하는가?
• 아시아나 항공 개괄에 관한 질문 (항공기 수, 몇 개국에 취항하는지, 항공기 약자의 원래 뜻)

10) 금융업

(1) 취업전략

한국의 금융 시장은 경제성장률의 감속과 함께 포화 상태에 접어들었습니다. 그래서 국내 은행들은 신규 고객 창출에 어려움을 겪고 있습니다. 그래서 이들은 어느 정도 축적된 노하우를 바탕으로 중국, 인도네시아, 베트남 등 신흥 시장을 중심으로 직접 점포를 내거나 M&A를 통해 새로운 시장을 찾겠다는 계획을 세우고 있습니다. 따라서 한국기업에 취업을 원하는 중국인유학생들이 관심을 둬볼 만한 업종입니다.

외환은행은 영어면접을 하고 있어 우수한 영어 실력을 갖추기를 요구합니다. 그리고 해외로 사업을 확정하고 있는 만큼 창의적이고 활동적인 인재를 선호합니다. 우리은행은 면접 때 동아리 활동에 대한 질문을 주로 합니다. 무엇보다도 금융 관련 지식을 활용할 줄 아는 능력을 살핍니다. 우리은행과 외환은행은 토론면접과 PT면접을 실시하고 있는데, 금융 관련 주제를 내주거나 은행 관련 지식을 활용하기를 요구하기 때문에 평소 경제 신문이나 증권 리포트를 통해 지식을 쌓아두는 것이 좋습니다. 그리고 조별 면접을 많이 치르기 때문에 팀워크, 발표력을 평소에 키워둘 필요가 있습니다. 그리고 지원자는 금융관련 지식을 갖추었다는 인식을 줄 수 있는 금융자산관리사나 공인회계사(CPA), 자산운용전문가 등 자격증을 취득하는 것이 좋습니다. 금융회사들이 대형 투자은행(IB) 사업에 시동을 걸면서 삼성증권은 오픽이나 토익스피킹 우수자를 뽑는 추세이며 아르바이트나 은행 증권사 인턴 경험을 우대하고 있습니다.

(2) 기업소개

회사명	삼성증권	업종	증권
매출액	2조 5,015억 9,900만 원		
설립일	1982년 10월 19일		
홈페이지	www.samsungfn.com		

<인재상>

- 열린 마음: 삼성이 지향하는 열린 사람은 인간미와 도덕성으로 충만한 마음을 지닌 사람입니다.
- 열린 머리: 열린 사람은 창의와 협력을 바탕으로 미래를 개척해 나가는 창조형의 사람입니다.
- 열린 행동: 열린 사람은 세계시민으로서 국제 감각과 능력을 갖춘 사람입니다.

<채용프로세스>

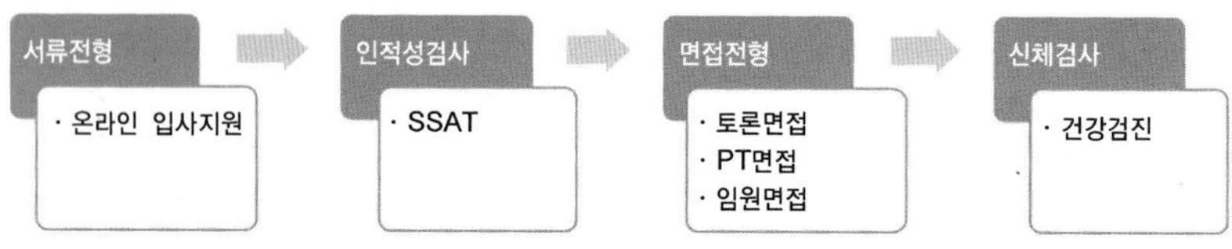

기출질문 - 토론면접

- 개인별 성과급과 팀 별 성과급 중 어느 것의 비중을 높이는 것이 바람직하겠는가?
- 대형 규모 중심의 거점형태와 소형 규모 중심의 다수 점포확장 중 어느 쪽이 좋겠는가?

기출질문 - PT면접

- 스마트폰 열풍에 따른 모바일 금융거래의 마케팅 방안에 대해 신규고객, 기존고객을 위한 영업채널 운용 전략과 금융 관련한 콘텐츠를 제안하라.
- 해외 매출 증진 방안에 대해 제안

기출질문 - 임원면접

- 우리 사업부의 단점을 말해보고, 해결방안을 제시하라.
- 입사해서 회사생활 때문에 자신의 사생활이 침해 받는다면 어떻게 하겠는가?

회사명	KB국민은행	업종	은행
매출액	20조 7,961억 4,500만 원		
설립일	2001년 11월 1일		
홈페이지	www.kbstar.com		

<인재상>

- 창의적인 사고와 행동으로 변화를 선도하며 고객가치를 향상시키는 프로금융인
- 적극적 사고와 행동
- 다양한 가치의 존중
- 고객우선주의
- 자율과 책임

<채용프로세스>

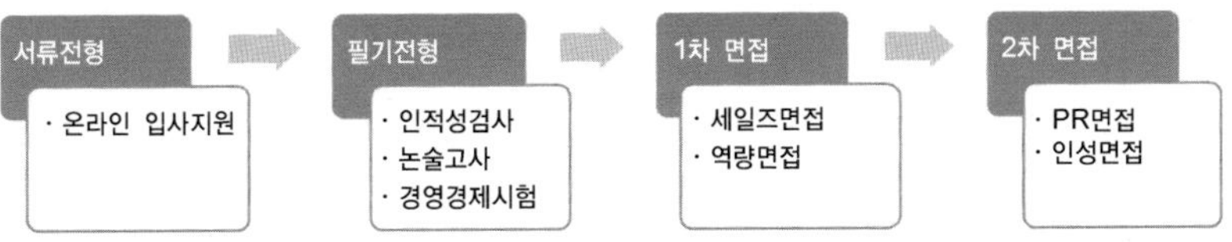

서류전형에 합격한 지원자는 본격적인 면접에 앞서 인적성검사와 논술고사, 경영경제 시험으로 이루어진 필기전형을 진행하게 되며, 필기전형에 합격한 지원자들에 한해 면접이 진행됩니다.

국민은행의 면접은 세일즈면접·역량면접으로 구성된 1차 면접과, PR면접·인성면접으로 구성된 2차 면접으로 나누어 진행됩니다. 1차 면접의 세일즈면접은 면접관이 상황을 제시하면 해당 상품을 면접관에게 세일즈하는 것으로 금융상품 이외의 물품도 제시하기도 합니다. 주어진 세일즈 시간이 완료되면 질의응답 시간을 줍니다. 역량면접은 지원자의 자기소개서를 바탕으로 지원자의 구체적인 경험에 대해 질문이 이어지므로 자기소개서 내용의 비중이 상당히 크다 하겠습니다. 따라서 지원자는 자신의 과거를 사례를 떠올리며 구체적인 답안을 준비해야 합니다.

2차 면접 PR면접은 사전에 미리 알려 진행합니다. 형식에는 제한이 없이 면접자가 자유롭게 준비합니다. PR면접은 면접자를 설명하는 것이 아니라 자신을 상품화하여 면접관에게 판매하는 것입니다. 인성면접은 PR면접과 같은 면접관과 진행되며 자기소개서 중심의 인성질문과 금융상식, 기업 관련 질문 등 주로 다양한 질문을 합니다.

기출질문 – 임원면접
· 은행에 왜 지원했는가? 또한 준비한 것은 무엇인가?
· 펀드 투자의 3원칙이 무엇인가?
· 비 전공자인데 왜 지원했는가?
· 국민은행의 단점은 무엇인가?

회사명	IBK기업은행	업종	은행
매출액	18조 4,596억 8,400만 원		
설립일	1961년 8월 1일		
홈페이지	www.ibk.co.kr		

<인재상>

- 지적 능력, 체력, 글로벌 인재
- 열정, 긍정적 성격, 철저한 윤리의식, 유연한 사고
- 영업마인드와 끈질긴 근성, 실행력과 도전정신, 긍지, 아이디어 창출

<채용프로세스>

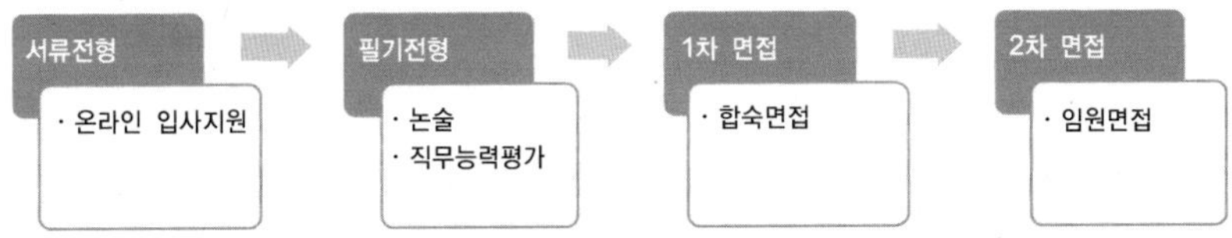

필기전형은 논술과 경제상식 테스트, 인적성검사로 구성되어 있는데, 논술은 2개의 주제 중 택 1하여 대안을 제시하는 방향으로 논리를 전개해 나가야 합니다. 경제상식 테스트는 30문제 정도 출시되었는데, 경제학 원론 수준의 지식을 묻는 문제로 구성되었습니다. 그다음으로는 언어, 수리, 추리 등으로 구성된 인적성 테스트가 있습니다.

면접은 크게 총 2차례에 걸쳐 진행됩니다. 합숙면접이 심층면접 역할을 하므로 실제로는 토론면접, PT면접 등 다양한 형태의 면접이 포함되어 있습니다. 게임을 통해 팀워크와 리더십, 팔로워십 등을 평가합니다. 팀 프로젝트에서는 현황 분석 및 대안 도출 과정을 평

가합니다. 간담회 시간에는 긴장이 풀려 흐트러지는 모습을 보이지 않도록 주의해야 합니다. 개인 또는 팀별 프로젝트 면접에서는 PT가 끝난 후 면접관의 피드백이 이어지는데, 이때 잘못이 있으면 인정하는 것이 더 좋습니다. 토론 면접은 논리력과 타인과의 이견을 조율하는 능력 그리고 타인에 대한 배려와 팀워크를 평가합니다. 합숙면접을 통과한 지원자들은 2차 면접으로 임원 면접을 합니다. 인성뿐만 아니라 전공, 최신 경제 시사용어, 외국어능력을 검증하는 등 다양한 질문을 주로 줍니다.

기출주제 - 팀프로젝트 (금융관련)
• 고령화, 저출산 추세로 인해 경제활동 인구구조가 변화하고 있는데, 이에 대한 기업은행의 향후 발전방안과 변화 양상
• 기업은행이 기존의 이미지를 벗고, 글로벌 금융 선도은행으로서 해야 할 마케팅 방안
• 실버 세대를 위한 금융상품개발
• 잠재고객인 대학생을 충성고객으로 만들기 위한 방안

기출주제 - 개인 및 팀별 프로젝트
• 21세기 금융전문 IBK의 인재상
• 21세기가 원하는 금융인재상

기출주제 - 토론면접
• 종부세 완화정책에 대한 찬반토론
• 3불 정책에 대한 찬반토론

기출질문
• 공기업 중에서 특히 금융공기업을 소위 '신의 직장'이라 부르기도 하는데, 이에 대해서 어떻게 생각하는가?
• 패스트 트랙에 대해서 말해보라.
• ELS에 대해서 설명하라.
• 기업은행의 상품 중에 아는 게 있다면 설명해보아라.

인사담당자 인터뷰

'재한 중국인유학생 한국회사 취업하기' 출판 관련
설문조사(중국인채용담당자)

안녕하십니까? 중국금융연구원입니다.

저희 연구소는 재한 중국인유학생들의 한국회사 취업을 돕기 위한 '취업가이드' 발간 작업을 진행 중에 있습니다. 이를 위해 현재 귀사에서 중국 업무를 담당하고 있는 귀하의 의견을 듣고자 합니다. 본 설문내용은 취업가이드를 발간하기 위한 자료로 사용될 뿐 다른 용도로는 사용되지 않을 것입니다. 각 해당 문항에 대해 200자 내외로 진실한 답변을 부탁 드립니다. 귀하의 고견은 중국인 유학생들의 한국회사 취업에 많은 도움이 될 것입니다. 바쁘신 가운데 설문에 응해주셔서 감사합니다.

- 도서에 게재할 예쁜 사진을 동봉해주시면 고맙겠습니다, 다만, 게재를 원하지 않으시면 보내지 않으셔도 됩니다.

중국금융연구원 연구원 추이센송 (02-783-9669)

1. 귀사에 적합한 중국인 인재상은 무엇입니까?

2. 귀사에 입사하길 희망할 경우 중국인으로서 어떤 분야(자격요건)
   를 준비하는게 좋을까요?

3. 귀사에 취업을 희망하는 중국인유학생에게 해주고 싶은 말은
   무엇입니까?

4. 기타 하시고 싶은 말이 있다면?

1) 에이팜 해외사업본부 중국관리팀 백아라 주임

Q1. 귀사에 적합한 중국인 인재상은 무엇입니까?

  A1. 4년제 대학 이상 졸업자로서, 중국 시장을 잘 파악하고 있으
      며 한국말, 한국문화 및 한국직장생활에 적응할 수 있는 사람
      입니다.

Q2. 귀사에 입사하기 위하여 준비(자격요건)해야 하는 것은 무엇
    입니까?

  A2. 글로벌 마인드와 추진력 그리고 단합성을 갖추고 있어야 합
      니다.

Q3. 귀사에 취업을 희망하는 중국인 유학생에게 해주고 싶은 말
    은 무엇입니까?

  A3. 한국문화와 중국문화의 차이점을 최대한 숙지하여 중국에서
      습득해 왔던 지식이나 경험을 한국에 빨리 전파하고 적용할
      줄 알아야 합니다.

Q4. 기타 하시고 싶은 말이 있다면?

  Q4. 국가마다 문화나 풍속, 습관 등이 모두 다릅니다. 그렇다고

인재들의 능력은 국가적인 제한을 받지 않기 때문에 한국말을 못하거나 그냥 외국인이라는 이유로 능력을 인정받지 못해 아예 면접의 기회 조차 갖지 못하는 외국인들도 많습니다. 본국에서 배운 지식이나 능력을 빨리 한국에 전파하고 이에 적응하도록 노력하고, 또한 한국 기업은 이런 점을 이해해 주시고 조금이나마 기회를 더 주시고 시간을 더 주시면 글로벌한 대한민국의 미래가 더 아름답게 빛날 것입니다.

2) 신영증권 김선영 애널리스트

Q1. 귀사에 적합한 중국인 인재상은 무엇입니까?

A1. 애널리스트에 가장 필요한 업무 능력은 체력이며, 그다음으로 성실함과 민첩함이 요구된다고 생각됩니다. 적시적소에 필요한 자료를 제공하기 위해서 이것이 가장 중요한 덕목이기 때문입니다. 평소 호기심이 많고 적극적인 성격의 소유자라면 도전해볼 만한 직업입니다. 다만 늘 연구하고 학습하는 직업이므로 본인이 일을 즐길 수 있는 사람이어야 합니다. 또한 한국어 구사능력도 중요합니다. 글로 쓴 본인의 논리를 PT를 통해 하루에도 몇 차례씩 연습한 후에 수백 명의 전문가 앞에서도 강연할 수 있도록 준비되어야 합니다. 왜냐하면 애널리스트는 많은 글을 읽고, 연구하고 자신의 논리를 써서 발표하는 직업이기 때문입니다.

Q2. 귀사에 입사하기 위하여 준비(자격요건)해야 하는 것은 무엇입니까?

A2. 특별히 준비되어야 하는 요건은 없습니다. 앞서 말한 요건 이외에 본인의 적성에 맞는지가 가장 중요합니다. 추가적으로 평소 중국 경제정책에 대해 관심을 갖고, 최소한의 전문 용어 번역이 가능하도록 준비하면 더할 나위 없이 좋을 것 같습니다.

Q3. 귀사에 취업을 희망하는 중국인유학생에게 해주고 싶은 말은 무엇입니까?

A3. 개인적인 능력도 중요하지만 애사심도 필요합니다. 입사한 회사만을 고집하라는 말이 아닙니다. 회사에 대한 소속감을 갖고 회사 행사에도 적극적으로 참여하는 모습이 바람직합니다. 제가 겪었던 몇몇 외국인들은 회사와 동화되지 못하고 겉도는 인상이 강했습니다.

Q4. 기타 하시고 싶은 말이 있다면?

A4. 취업을 준비하는 여러분들 앞에는 무궁무진한 기회가 있습니다. 요즘은 자격증과 언어, 다양한 인턴 경험 등 모두들 너무 많이 갖추고 신입사원으로 시작합니다. 이러한 다양한 준비와 경험도 좋지만 저의 채용 기준으로는 그러한 스펙(경험)들이 크게 영향을 미치진 않는다고 생각합니다. 틀에 박힌 자기

소개서와 스펙 쌓기보다는 차별화된 본인만의 장점 개발에
더 주력하는 것을 추천합니다. 또한 한국어로 된 많은 책을
읽고 요약을 해보는 것도 큰 도움이 될 것으로 생각됩니다.

3) 우리은행 김범수 지점장(前 북경지점장)

Q1. 귀사에 적합한 중국인 인재상은 무엇입니까?

  A1. 인성이 좋고 남을 배려하는 협동심을 가진 사람으로서 적극
      적이며 긍정적인 사람으로 대(大)를 위해 약간의 희생을 감수
      하고, 업무를 할 때 몰두하고 집중력 있는 사람입니다.

Q2. 귀사에 입사하기 위하여 준비(자격요건)해야 하는 것은 무엇
    입니까?

  A2. 실무는 입사 후 배워서 할 수 있기 때문에 우선 한국어 및 영
      어 등 외국어 구사 능력과 업무를 위한 컴퓨터 조작 능력 등
      을 갖추어야 합니다.

Q3. 귀사에 취업을 희망하는 중국인 유학생에게 해주고 싶은 말은
    무엇입니까?

  A3. 회사에서 원하는 인재상은 중국, 한국의 구별이 없다고 생각

합니다. 당연히 조건이 좋고 지명도가 높은 직장은 그만큼 경쟁이 심합니다. 중국인유학생은 한국에서 공부한 한국학생들에 비해 한국어능력 등은 뒤질 수 밖에 없으나 이를 만회할 자기만의 장점을 개발해야 합니다. 지금은 글로벌 시대입니다. 능력이 있는 인재라면 어디서나 환영받는 시대이기 때문에 철저한 본인의 준비가 필요합니다. 우선 자기의 눈높이에 맞는 직장을 찾아 취업하는 것이 중요하며, 브랜드보다 자기를 필요로 하는 곳에 가서 발전하는 것이 결과적으로 성공적일 수 있음을 명심하시기 바랍니다.

4) 한국투자신탁운용 김혜원 리테일영업부장

Q1. 귀사에 적합한 중국인 인재상은 무엇입니까?

A1. 전문성과 열정으로 고객들의 기대를 뛰어넘는 성과와 서비스를 제공하여 고객의 이익을 최우선으로 항상 고객의 입장에서 생각하고 끊임없는 자기계발을 통해 신뢰받을 수 있어야 합니다. 최상의 상품 운용과 최고의 수익률을 실현하면서 유연한 사고와 적극적인 자세를 견지하여 미래지향적이고 변화에 능동적으로 대응하는 국제화 마인드를 갖추어야 할 것입니다. 또한 중국의 자본시장과 트렌드를 잘 이해하고 커뮤니케이션을 할 수 있으며 정직과 신용을 바탕으로 기본에 충실하고 원칙을 중심으로 상사와 동료, 후배를 존중하고 솔선수

범해야 할 것입니다.

Q2. 귀사에 입사하기 위하여 준비(자격요건)해야 하는 것은 무엇
입니까?

A2. 전문적인 자산운용 자격증이나 글로벌 금융자격증을 취득하
여 한국어 및 중국어 커뮤니케이션 능력을 갖추면서 영어까
지 능통하면 금상첨화라 할 수 있습니다.

Q3. 귀사에 취업을 희망하는 중국인 유학생에게 해주고 싶은 말은
무엇입니까?

A3. 한국투자신탁운용은 전문적으로 QFII(적격외국기관투자자)자
격을 가지고 중국에 투자할 수 있는 몇 안 되는 운용사 중 하
나입니다. 중국에 투자기회가 늘어남에 따라, 경영전략실, 글
로벌 비즈니스팀, 주식운용본부, 실물자산운용본부 등 여러
부서에서 중국인유학생 신입사원에 대한 수요는 확대되고 있
습니다. 중국의 투자상품 개발을 위해서 상품본부에서도 중
국인직원이 필요해질 거라고 믿습니다. 한국의 대형 운용사
에서 전문적인 일을 하길 원하는 중국인유학생의 도전과 지
원을 격려합니다.

5) 중국금융연구원 고명옥 통·번역센터 실장

Q1. 귀사에 적합한 중국인 인재상은 무엇입니까?

> A1. 성실하고 책임감 강한 사람으로서 적극적이고 활달한 성격을
> 가진 사람입니다.

Q2. 귀사에 입사하기 위하여 준비(자격요건)해야 하는 것은 무엇
입니까?

> A2. 한국어와 중국어에 능통하면서 컴퓨터 활용 능력이 우수해야
> 합니다. 또한 통·번역 업무를 담당하기 위해서는 각 방면의
> 풍부한 상식 또한 갖추고 있어야 할 것입니다.

Q3. 귀사에 취업을 희망하는 중국인 유학생에게 해주고 싶은 말은
무엇입니까?

> A3. 미래에 대한 꿈을 가지고, 이를 실천해 나가는 사람이 되길
> 바랍니다. 이를 위해서는 매사에 적극적이고 책임감 있는 자
> 세가 필요합니다. 한국에 유학을 온 여러분은 한국의 문화와
> 직장문화를 이해하고 이에 적응하려는 노력이 필요합니다.
> 이 경우 직장 내에서의 소통도 원활해지고 한국기업에서의
> 성공적인 정착을 기대할 수 있습니다.

Q4. 기타 하시고 싶은 말이 있다면?

A4. 앞의 모든 것에 앞서 인품이 많은 것을 좌우한다고 봅니다. 모르는 것은 배우면 되지만 대인관계가 원만치 않으면 한국기업문화에 적응하기 힘들기 때문에 자신의 성향과 장점, 부족한 점을 스스로 잘 파악하여 성공적인 직장생활을 하길 바랍니다.

6) 김&장 법률사무소 중국인사·노무담당 이성철 고문 (前 LG 인사담당자)

Q1. 귀사에 적합한 중국인 인재상은 무엇입니까?

A1. 기업체마다 각자 나름대로의 인재상이 있습니다만 대체로 도전의식, 열정, 최고지향, 고객 감동, 창의성과 자율, 글로벌한 감각 및 역량을 두루 갖춘 인재를 원하고 있습니다. 최고를 향한 도전의식과 열정을 가지고 부단한 자기혁신을 통해 고객에게 신뢰와 감동을 주며, 창의와 자율을 바탕으로 주위와 협력하고 최고의 성과를 창출해 나가는 사람입니다.

Q2. 귀사에 입사하기 위하여 준비(자격요건)해야 하는 것은 무엇입니까?

A2. 첫째, 본인의 비전을 설정해야 합니다. 남들보다 더 잘할 수

있고 하고 싶은 '일'이 무엇인지에 대해 정확하게 판단하는 게 필요합니다. 자기의 장·단점과 그동안의 성과 및 경험, 주변 사람들의 평가와 의견, 선택하고자 하는 영역의 장래성 등을 종합적으로 고려해야 할 것입니다. 둘째, 설정된 비전에 필요한 역량을 개발해야 합니다. 부족한 역량을 쌓으면서 스스로 정하기보다는 그 영역의 권위자, 성공했던 분, 주변에 도움을 줄 수 있는 분들과 교류를 통해서 정보를 얻고 활용해야 합니다. 셋째, 중국 내 다양한 경험과 네트워크를 쌓아야 합니다. 취업이나 인턴 등을 통해 기업체 근무 경험을 쌓을 수 있고 책상에 앉아서 하는 공부도 중요하지만 네트워킹을 잘 만들어서 열정적으로 활동하는 것이 중요합니다. 그리고 이것은 부족한 역량을 쌓는 데 반드시 도움이 되어야만 합니다. 넷째, 면접 준비입니다. 앞에서 지적한 3가지를 면접관들에게 명확하게 이야기할 수만 있다면 성공확률은 매우 높아집니다. 그러나 실제로 많은 면접시험에 참여해 보면서 위에서 말한 3가지, 비전 설정, 역량 쌓기, 경험과 네트워크 구축을 제대로 이야기하는 사람은 드물었습니다. 또한 면접을 보는 회사에 대해 깊이 알고 있어야 합니다. 예를 들어 전자회사에 들어가고 싶다면 실제 매장을 가보고 제품뿐만 아니라 판촉원 판매형태, 경쟁회사의 장·단점, 지원회사의 마케팅 특이사항·개선점에 대해서 체험하고 나름대로 논리를 만들어 면접관들에게 제시할 수 있어야 합니다.

Q3. 귀사에 취업을 희망하는 중국인 유학생에게 해주고 싶은 말은 무엇입니까?

A3. 첫째, 본인의 Vision에 맞는 회사를 찾는 게 중요합니다. 별 생각 없이 입사했다가는 쉽게 중도 포기하는 경우가 많이 생깁니다. 둘째, 계획적인 생활과 건강을 챙기는 것도 미래를 준비하는 데 매우 중요합니다. 셋째, 개인적으로 권해 드리고 싶은 것은 졸업 후 바로 중국 내 한국회사에 입사하는 것보다(이것 또한 비자 문제로 쉽지는 않습니다만) 중국 사업을 하고 있거나 준비 중인 회사에 입사한 후 한국에서 일정 기간 근무하면서 업무역량 및 직장생활의 기본을 익히는 것이 중요합니다. 특히 중국에 근무할 때는 한국 모기업과의 접촉기회가 많기 때문에 본사 Networking을 쌓아두는 게 중요합니다.

Q4. 기타 하시고 싶은 말이 있다면?

A4. 꿈이 있고 그 꿈을 이루기 위해 실천적인 삶을 산다면 그 꿈은 반드시 이루어진다고 확신합니다. 우리의 대부분은 마지막 고비를 못 넘기고 스스로 좌절하기 때문에 성공이 어렵다고들 합니다. '1만 시간의 법칙'을 다시 한번 되새길 필요가 있는 것 같습니다.

7) 중국검역회사(中国检验认证集团韩国有限公司)
조윤화 과장

Q1. 귀사에 적합한 중국인 인재상은 무엇입니까?

> A1. 탁월한 언어표현 능력과 동료와 조화할 수 있는 협동심을 갖
>   추고 일에 대한 열정과 직업소양, 전문적인 지식과 기술을 보
>   유할 수 있는 사람입니다.

**Q2. 귀사에 입사하기 위하여 준비(자격요건)해야 하는 것은 무엇
입니까?**

> A2. 한국어와 영어 등 외국어 구사능력이 뛰어나고 업무 관련 자
>   격증 및 운전면허증 등을 취득하면 취업할 수 있는 확률은
>   높아질 것입니다.

**Q3. 귀사에 취업을 희망하는 중국인 유학생에게 해주고 싶은 말은
무엇입니까?**

> A3. 우리 회사의 월급은 그리 많지 않지만 개인역량에 따라 인상
>   률은 비교적 높은 편입니다. 따라서 열심히 공부하고 노력하
>   여 자기계발을 할 경우 얼마든지 자신의 몸값을 높일 수 있
>   습니다. 부디 근시안적인 이익추구로 본인의 인생목표를 잃
>   지 마세요.

8) 고려용접봉(KISWEL) 관리팀 원국희

Q1. 귀사에 적합한 중국인 인재상은 무엇입니까?

A1. 올바르면서 남과 다른 창의적인 생각으로 최선을 다해 노력하고, 보다 나은 결과를 위해 정진할 수 있어야 합니다. 또한 기본이 튼튼하여 생각이 바르고 행동이 올바른 사람입니다.

Q2. 귀사에 입사하기 위하여 준비(자격요건)해야 하는 것은 무엇입니까?

A2. 회사는 개인의 성과도 중요하지만 모든 구성원들과 함께하여 최종목표를 향해 달려갑니다. 그렇기 때문에 한국인 직원과의 커뮤니케이션 능력이 중요합니다. 그리고 인재상에 맞는 역량을 갖추고 준비해야 할 것입니다.

Q3. 귀사에 취업을 희망하는 중국인유학생에게 해주고 싶은 말은 무엇입니까?

A3. 무엇보다 중국인유학생으로서 한국에 있는 기업에 취업하고자 할 때, 제일 중요하게 생각할 수 있는 것이 문화 및 생활관습에 대한 다름을 이해하고 극복하는 적응력입니다. 이와 함께 한국어실력을 갖추신다면, 기업이 찾는 인재가 될 수 있다고 생각이 되며, 더불어 중국인유학생들께서 자사에 많은 관심을 가져주시면 감사하겠습니다.

중국인 취업자 인터뷰

对就业者的采访

您好，这里是中国金融研究院。

本院为了帮助中国留学生更好的解决就业问题，现正在编撰出版≪中国留学生就业指南≫这本书。这次采访主要是想了解已在韩国就业的中国人对就业问题的看法，采访将以面对面问答方式的进行，其内容将在这本书中编辑出版。本采访内容是为了就业指南这本书的发行而用，不会用于其他用途。每个问题的回答请控制在150字左右。

您的回答将对≪在韩中国留学生就业指南≫这本书的编写起到很大作用，所以请您仔细考虑后回答。最后，感谢您为≪在韩中国留学生就业指南≫这本书所做的贡献。

中国金融研究院研究员崔贤松(02-783-9669)

大学/专业			性别	
公司名称/职位			在韩时间	
韩国语能力		英语能力		
TOPIK等级		英语成绩		

1．您为什么选择在韩国工作？

2．你是通过怎样的途径找到现在的工作的？

3．在公司里您每天都做什么工作？

4．从事您现在的工作需要什么样的知识，技能？（韩国语能力，英语
   能力，实习经验等)

5．对于正在准备毕业找工作的后辈们，能否结合自身的经验给点小
   建议？

6．您是否有其它想说的话?

7．您的一天是怎么度过的？

1 宋金波

大学/专业	崇实大学/国际贸易/硕士		性别	男
公司名称/职位	(주) 대고 /기획관리팀 사원		在韩时间	7年
韩国语能力	上	英语能力	中	
TOPIK等级	五级	英语成绩		

1. 您为什么选择在韩国工作？

(1) 首先自己的专业为韩国语和国际贸易，留在韩国工作能够更好的了解韩国的工作方式，更好的了解韩国的文化，为将来自己创业做中韩贸易准备。

(2) 其次能够在韩国公司学习比较先进的管理方法，为将来回国发展打下坚实的基础。同时能够证明自己的工作能力。

(3) 再次就目前来说韩国的收入好于国内，也算对自己将来创业积攒资本

2. 你是通过怎样的途径找到现在的工作的？

通过韩国的各大就职网站： 如 jobkorea, saramin。

3. 在公司里您每天都做什么工作？

我的主要业务可以分为4个部分

(1) 在中国购买公司新产品开发时需要的各种原材料。

(2) 购买公司量产产品需要的各种原材料。

(3) 管理中国和孟加拉工厂的生产。

(4) 协调和中国工厂的各种相关事宜。

4. 从事您现在的工作需要什么样的知识，技能？（韩国语能力，英语
   能力，实习经验等)

(1) 韩国语能力

(2) 公司相关产品的专业知识

(3) 通过网络等在中国寻找所需原材料的各种方法

5. 对于正在准备毕业找工作的后辈们，能否结合自身的经验给点小
   建议？

(1) 对于刚刚开始工作的后辈来说，首先不要太去计较薪酬的问题，
    但也不能一点也不在意。最重要的是工作适合自己，最自己规
    划的将来的发展有帮助。

(2) 多了解韩国的文化，不至于无法适应韩国公司的节奏和无法处理
    好同事之间的人际关系。

(3) 有机会多参见面试，积累面试的经验。

(4) 面试时多注意自己的仪表，另外不要过于紧张，按自己的能力去
    简单清晰的回答面试官的问题就好。

6．您是否有其它想说的话?

人要接受现实，但不能满足现状，每天都要比昨天多努力一点。

7．您的一天是怎么度过的？(时间及内容简单叙述一下)

例) 07:30

例 新的一天开始了，洗漱整理出门上班。从我住的地方到公司开车大概需要45分钟，一般都是提前20分钟到办公室，准备相关材料，理清思绪，准备开始工作了。

09:00

正式开始一天的工作，首先是每天的例行会议，报告昨天的工作情况，接受新的业务指示。

12:30

午饭时间兼中午短暂的休息。

② 朴仁金

大学/专业	首尔大学/经济学硕士		性别	女
公司名称/职位	信荣证券		在韩时间	5年
韩国语能力	中	英语能力	中	
TOPIK等级	无	英语成绩	856(TOEIC)	

1．您为什么选择在韩国工作？

　　随着中国在世界上的影响力越来越强，在韩国对中国的人力需求也愈发地变多。研究生毕业时并没有确定是在韩国还是回国。但是好多朋友都找到工作留了下来，在各个行业担当中国业务的负责人。我也就试图在这里寻找机会。

2．你是通过怎样的途径找到现在的工作的？

　　我是通过已经从事金融业的好友的介绍得到了在现公司做实习生的面试机会的。做了半年的实习后，与韩国求职者一起参加了最后的面试，以正式职员的身份加入了公司。

3．在公司里您每天都做什么工作？

　　作为中国宏观经济与产业分析师的助理，我需要辅助我的上司做各种研究工作。找数据，读研究报告，观察国内市场与经济动向，还要处理来自这里机构投资部门的request等。

4. 从事您现在的工作需要什么样的知识，技能?(韩国语能力，英语
   能力，实习经验等)

需要最基本的经济知识常识，特别是关于股市方面的。韩国语能力一定要好，不然会给工作带来很大麻烦。如果是大型券商，接触外国投资者的机会比较多，对英语能力也会有比较高的要求。如果是一般中小型券商，一般就足可以了。实习经验有的话当然好，但是每个工作都有自己的特性，并不会给你带来很大的帮助。主要是可能会使你了解一下韩国公司的工作气氛吧。

5. 对于正在准备毕业找工作的后辈们，能否结合自身的经验给点小
   建议?

在还没有毕业时，如果能定好自己的目标是最好的。看看自己到底喜欢什么样的工作，适合做什么样的工作。避免毫无目的地混日子。并不是说有了好大学的毕业证书就能找到自己理想中的工作。如果定下了目标，就要去努力学习了。因为工作了以后才发现自己的知识有多么匮乏，到时候想学习的时候而没有时间，是一件很郁闷的事情。平时多结交各个专业的前辈与朋友，他们都是你的财富。

6. 您是否有其它想说的话?

在现在世界经济不景气的情况下，找到一份合适的工作确实不容易。不要因为一时找不到工作而失去信心，坚持下去一定会有好的结果。

7．您的一天是怎么度过的？

例) 05:10

例 新的一天开始了，洗漱后就出门里。从我住的地方到公司乘地铁大概需要1个小时10分左右，我需要在7点之前到公司，做一些准备工作。

07:40~08:00

每天例行的晨会时间。

08:00~11:30

上午工作时间。除了每天必须进行的业务以外比如说，把会议资料发送给各个营业点)根据每天的不同情况，业务会有很多差异。

11:30~13:00

中午午休时间

13:00~17:30

下午工作时间。

17:30~18:30

如果需要加班的话，晚饭时间。

18:30~

加班

3 申东杰

大学/专业	厦门大学/广告专业		性别	男
公司名称/职位	友利投资证券投资银行部		在韩时间	1年半
韩国语能力	上中下	英语能力		上中下
TOPIK等级		英语成绩		Toeic 815

1. 您为什么选择在韩国工作？

  - 韩国的金融市场较发展，可以学习到很多先进的金融知识和经验
  - 自己的语言优势能否得到重视和发挥
  - 朋友推荐，待遇也可以

2. 你是通过怎样的途径找到现在的工作的？

  - 朋友之前在友利工作，属于内部推荐

3. 在公司里您每天都做什么工作？

  - 分析和整理资料
  - 调查海外市场的动向和情况
  - 跟进现有的业务
  - 其他辅助业务

4. 从事您现在的工作需要什么样的知识，技能?(韩国语能力，英语能
   力，实习经验等)

   韩国语能力作为工作语言，要求较高
   英语能力平时不是很经常用，但是做海外业务时非常重要
   有相关的工作经历最好，或者有良好的网络资源

5. 对于正在准备毕业找工作的后辈们， 能否结合自身的经验给点
   小建议?

   金融业竞争尤为激烈，要确定自己的职业发展目标，通过多方面的
   途径了解和接触行业内的人，争取实习等机会，通过推荐的形式进入
   公司是最快捷的途径

6. 您是否有其它想说的话?

   进入公司之后，要找好自己的定位，要抓住机会，让自己的优势得
   到认可

7. 您的一天是怎么度过的?

例) 06:40

起床，洗漱之后出门，到公司约半个小时左右

07:45

到达公司，打开电脑，整理书桌，想想今天要做的任务，做简单的笔记

08:00~08:30

查看邮件和主要的国内外新闻，如果未来业务中会用到的信息，进行整理

08:30~09:00

和项目主管一起去公司的休息室喝杯咖啡，聊聊目前的项目进展情况，新的想法，进行简单的头脑风暴，和今天的工作安排

09:00~11:30

开始做日常的业务，打电话，发邮件

11:30·13:00

午休时间，一周2天左右约行业内的朋友一切吃饭，其余的话和团队里的人一起去吃饭

13:00~15:00

継续上午的工作，项目主管偶尔会指示新的工作内容，根据工作的重要性来安排顺序

15:00~15:15

与项目主管一起去喝杯咖啡，头脑风暴时间

15:15~18:00

継续完成未完成的任务，

18:00~19:00

去公司的健身房去运动，如果手头项目时间比较紧，与公司的人一起去吃饭回来工作

19:00~21:00

晚上比较安静，电话比较少，可以做一些需要集中精神的工作(提案书，估值分析等)
或者找一些自己比较感兴趣的行业信息，看一些研究报告，如果没有其他的事情，收拾回家

4 代乐

大学/专业	高丽大学/国际通商		性别	男
公司名称/职位	企业银行(中国)有限公司/副部长		在韩时间	5年
韩国语能力	上	英语能力	上	
TOPIK等级		英语成绩		

1. 您为什么选择在韩国工作?

　　1) 当时的女朋友(现在的夫人)的原因

　　2) 能够在韩国多学点儿东西

2. 你是通过怎样的途径找到现在的工作的?

IBK Camps Recruitment

3. 在公司里您每天都做什么工作?

　　1) 来天津之前在IBK总部的IB部门做投资银行里的Structured Finance
　　　(结构化金融)

　　2) 来天津IBK中国法人以后在人事部工作, 负责人事工作, 如职员的
　　　招聘, 晋升, 提薪, 培训等。

4. 从事您现在的工作需要什么样的知识，技能?(韩国语能力，英语能力，实习经验等)

　　首先做什么事情都需要热情，在学校里学习到的东西往往都很难和工作中的业务结合到一起。所以要不断的学习，耐心的请教。我觉得工作后学习才刚刚开始，是以前上学期间的两倍。

　　其次细分说的话：

1) 投行需要英文基础，投行是国际化的工作，英文是我和好的工具；以前学习的International Finance和Accounting对我也带来了很大的帮助。

2) 在天津总行人事部往往处理的都是很多杂事儿，包括很多棘手的事情，变数很大。这时需要很严谨的逻辑去思考问题，这很大部分都是以前在海外生活，工作时处理问题总结的一些经验。

5. 对于正在准备毕业找工作的后辈们，能否结合自身的经验给点小建议?

　　在这点上有点knowhow，参加 Camps Recruitment的时候，一定要看看招人单位有谁在后面张望，因为往往在后面观察的人都是领导，然后直接过去用流利的韩语于其对话，会很有帮助。呵呵

6．您是否有其它想说的话?

　　首先，在韩国学习的期间要尽情的玩儿，但是一定是要懂得怎么玩儿。因为韩国固有的企业文化，所以通过玩儿，可以了解韩国的人，文，语言。这将对找工作和参加工作都能带去很大的帮助。

　　其次，减少自己的抱怨(对文化，对人，对饮食等)，尝试心胸开阔的接受所有的东西。

7．您的一天是怎么度过的?(时间及内容简单叙述一下)

例) 07:30
起床，用完太太准备的早餐后，开车去单位。然后开始工作。
09:00
(详细的无法叙述)人事部作为和行长最近的部门，有很多事情都是行长直接指示，所以一天的事情非常的多，很难描述详情。往往都是一开始工作就是午饭时间了，再工作就是晚餐了。下班时间都是在晚上9点以后。

⑤ 金晖

大学/专业	汉阳大学校(Hanyang University) / 工商管理学士	性别	男 / 女
公司名称/职位	韩国投资信托运用(Korea Investment Management Co., Ltd.) / 基金经理 (Fund Manager)	在韩时间 9年	男
韩国语能力	上	英语能力	中
TOPIK等级	6级	英语成绩	无

1. 您为什么选择在韩国工作？

　　选择在韩国工作是出自选择韩国为留学目的国家。我在国内高中毕业后，考虑选择留学国家时，主要考虑哪些国家的代表型企业对华投资多或者将会多，当时我发现韩国很多大企业已经开始关注中国市场，并且已有一部分企业进入中国市场。所以我当时选择韩国留学，并打算毕业后留在韩国在相关关注中国市场的企业工作并积累经验后回国拓展相关业务。

2. 你是通过怎样的途径找到现在的工作的？

　　我是通过我现在的公司网站上的相关招聘公告申请的。其实在韩国有很多互联网和其他途径寻求相关招聘信息，比如各高校的就业服务中心网页，就业咨询网站，各招聘企业网站，还有很多企业的招聘说明会等等。最重要的是应届生应不时关注自己想去的公司，通过各种方式了解公司，并且去找该公司聘请你的理由，然后不是关注相关公司的网站或其他公告，一旦相关招聘信息出来之后第一时间申请。

3．在公司里您每天都做什么工作?

我在韩国投资信托运用担当基金经理。 主要负责替代投资 (AI,
Alternative Investments) 中的资源投资领域。比如石油天然气投资,
新能源投资(风力, 太阳能, 生物质能, 减排权等等), 另类投资 (葡萄
酒基金, 艺术品基金, 不良贷款资产包投资等等)。平时管理已投资项
目的同时, 也分析各种新项目, 并对相关项目的投资与否作决策。

4．从事您现在的工作需要什么样的知识, 技能?(韩国语能力, 英语
　　能力, 实习经验等)

我个人认为作为一个应届生应聘此类基金经理需要丰富的实习经
验和其他对外活动经验。 替代投资基金经理于一般基金经理(股票,
债券, 衍生品) 不同, 因为在韩国刚刚起步的领域。所以需要丰富的活
动经验, 才能适应多变的市场环境和工作环境。比如在券商的实习经
验可以间接了解替代投资相关领域的知识, 此外也需要一个事业心才
能客观的判断项目的好坏。

5．对于正在准备毕业找工作的后辈们, 能否结合自身的经验给点
　　小建议?

多参加实习。通过实习可以了解相关行业的业务, 也可以在短时
间内判断自己的未来梦想或者目标适不适合你。我个人也是通过能
源企业, 银行, 券商, 基金公司等实习机会, 确认我将来要做替代投
资相关的私募基金经理的梦想。

6. 您是否有其它想说的话?

　　最重要的是在毕业之前找到各自的梦想。找一个自己满意的工作大前提是是不是符合未来几十年后自己想做的事情，很多应届生都不太了解自己的梦想，盲目的选择别人都说好公司的企业，其中很大一部分都在短时间内适应不了中途抛弃。如果自己的未来梦想明确的话，然后就寻找需要你这样的人才的公司，然后觉得自己需要哪些竞争力的话，去锻炼。

7. 您的一天是怎么度过的?(时间及内容简单叙述一下)

例) 06:30

新的一天开始了，洗漱后简单吃点早餐就出门了，从我住的地方到公司坐地铁大概需要30分钟，一般都是提前20分钟到办公室，泡杯茶歇一会，准备开始工作了。

08:00

发表最近全球能源市场和减排权市场动向，并对管理的能源基金和减排权基金投资战略进行发表。

09:00

9点开会讨论最近要出世的新油田基金，讨论石油和汇率对冲。

10:00

准备新油田基金的投资战略报告。

12:00

中午时间，简单在公司地下吃午饭。

13:00

拜访能源企业，讨论收购油田事项。

16:00

通过中间银行，交易欧盟减排权，并且通过银行交易员听取最近减排权市场动向。

17:00

开始写葡萄酒基金的投资报告，并确认相关基金收益率。

19:00

简单吃完晚饭，回公司检讨油田基金的相关收购合同。

21:00

收拾一下准备回家，今天真是忙碌的一天。

6 张玉安

大学/专业	吉林大学文学院播音与主持艺术专业	性别	男
公司名称/职位	이얼싼중국어학원수시전담선생님	在韩时间	2年半
韩国语能力	上中下	英语能力	上中下
TOPIK等级	4级	英语成绩	

1. 您为什么选择在韩国工作?

　　播音专业毕业的我，大学没结束就到了广东，北京等地的电视台工作。并有幸在2008年参加了北京奥运会的采访与主持工作。虽然工作充满激情和乐趣，但是每天接近20小时的工作让我身心疲惫。结束了奥运会，就有了休息加留学的想法。揣着积攒不多的积蓄，来到了这个既陌生又熟悉的邻国——韩国，并在朋友的介绍下，来到了现在的学院，并成为了专门负责韩国高中中国语수시특기자대학편입 的专门老师。

2. 你是通过怎样的途径找到现在的工作的?

　　朋友介绍的。刚来韩国的我，只依靠自己工作时的积蓄，实在不够。所以每天边学习韩语边在便利店打工。偶尔去录音室利用自己的专业特长配配音。在来韩国之后的半年，一个韩国哥哥问我："你的声音又好，中国普通话又不错，为什么不去教汉语呢？"就这样在他的帮助下我来到了一所刚开办不久的中国语学院。一年之后为了更好的发展，又转到了现在的这所学院。因为这所学院是韩国现今为止最大最出名的一所学院。

3．在公司里您每天都做什么工作?

我现在教授大学入学面试考试。随着中韩两国不断地深化交流，从小就去中国留学的韩国孩子越来越多。这些孩子学习了汉语之后回到韩国来再想通过高考的方式上韩国的大学实在很难。因为两国的高中教育还是存在着很大差异的。所幸的是很多大学为了吸引汉语优秀的学生，在大约10年前开设了중국어수시특기자특별전행. 这样一来，这些只会汉语的学生就有了去大学的捷径。

4．从事您现在的工作需要什么样的知识，技能?(韩国语能力，英语能力，实习经验等)

虽然只是高中生的大学考试，但是韩国的高学历，高要求，高水平的教育环境却不会那么简单地让只会汉语的学生轻易地上大学。大学面试涉及到社会，政治，外交，国际，文化，哲学等很多领域。因此我每天的工作除了上课之外，就是要学习中，韩，美，日等国家国内外相关的事物，并结合人文，科学，哲学，经济，英文等知识准备材料再教给学生。同时再运用我的主持经验教给学生自信感和标准发音。这个过程往往需要14个小时以上。

5．对于正在准备毕业找工作的后辈们，能否结合自身的经验给点小建议?

我来韩国时间也不是很长，要说经验只能说努力＋运气。努力就不必说了，韩语，英语，专业课都要去做。但是这个运气却不是白来的。运气往往是努力过后的结果。韩国人都很勤奋，这个勤奋可以说是疯狂，所以你自认为的努力往往是不够的。再加上两国之间确实存在一些问题，因此你若是只像一般的韩国人那样努力，那么就不会有光彩。只有比别的韩国人更加努力，别人才会发现你。"田忌赛马"知道吧，有一些相似的道理。

6. 您是否有其它想说的话?

我想告诉那些在韩国准备找工作的同学们，虽然现实是痛苦的，但是一定要坚持。韩国现在针对外国人，特别是本科学生的就业政策可以说微不足道，在这种情况下我们并不能改变国家的政策。那么我们就只能坚持。辛苦，累，委屈，这些肯定都会有的，而且还会非常多，你并不是最累的一个。但是往往在你咬牙克服这次的困难之后，就突然出现了转机。姜太公还要等到80岁才封帅呢，咱们不算什么。只要有决心，就会成功。咱们不是从小就学习吗，中国人是最勤劳，最坚韧的。

7. 您的一天是怎么度过的?

07:00

虽说是新的一天，但是由于要准备第二天的材料，睡得很晚，所以总是觉得不够睡。说实话，我早晨很少吃早饭，没有时间。洗漱之后搭地铁去学院大概需要30分钟。到了学院大约是8：00左右。买杯热咖啡加个面包就算是早饭了。

09:00

每天的第一节课一般就是这个时间。一节课大约80分钟。每年的1月到4月比较清闲，课程较少。临近10月面试的前几个月，基本上每天从早上9点开始到晚上9点半结束。特别是8，9月份，每天要上7～8节课。换句话说，就是每天从九点开始一直到晚上九点不间断上课。中间只有1个小时的吃饭时间。

13:00

这个时间是我吃午饭的时间。但是每天只有大约一个小时，所以也是简单地吃一点。一般是在学院的附近。在不忙的季节，我会自己在家里做一点便当来当做午饭。虽然手艺不行，但是吃着自己做的饭菜还是别有一番滋味的。关键是：省钱。

14:00

正式开始一下午的课程了。下午总是很困，但是为了激发学生的热情，不让学生很困，无聊，我利用我的先天优势：大嗓门，来为学生提神。效果还是不错的。学生也都说我的课程充满激情。

18:00

这个时间是晚饭时间。和午饭差不多，简单吃一点之后还要上课。但是在不忙的时节，这个时间也可以下班。总算是松了一口气。

19:00

到家了，要准备做饭。但是大多时候我都懒得做，点一点外卖吃。我喜欢韩国的泡菜汤，大酱汤等传统韩国料理，因此还是比较方便的。最近有时间了我也在学习做这些料理。

21:00

吃完，收拾完，洗完，开始准备第二天的材料了。上网，查看书籍，翻译文章，总结思想，自编答案，这些基本是我每天的工作。虽然累，但是很充实。因为这个过程也是学习。

00:00

我睡觉的时间虽然不早，但是我基本上不熬夜，因为为了第二天有充足的精力去上课。毕竟，课堂的气氛最重要。一天的劳累都早睡眠中得到缓解，我爱睡觉！！！

06:30

早上把闹钟会定在这个时间。但是我真正的起床时间大约是7点。这是因为我有赖床的习惯。听到闹钟不会立刻起来。我每天最痛苦的时刻，不是上课，不是准备材料，而是早晨起床阶段。真的是死的心都有！没办法，新的一天又开始了！

7 崔靓华

大学/专业	淑明女子大学/中文系		性别	女
公司名称/职位	시사중국어 讲师		在韩时间	11年
韩国语能力	上	英语能力		下
TOPIK等级	无	英语成绩		无

1. 您为什么选择在韩国工作?

高中毕业后来韩国留学, 大学毕业后就按部就班留下来工作了。

2. 你是通过怎样的途径找到现在的工作的?

一开始是通过知人介绍在电台, 补习班和录音室工作, 后来自己也通过网络, 招聘信息等途径找到了一些更好的工作岗位。在固定的工作岗位上工作一段时间后, 积累了一定的经验和履历, 不久前得到一所大学认可找到了现在的工作。

3. 在公司里您每天都做什么工作?

我在一所大学当汉语讲师, 每天教学生汉语。

4. 从事您现在的工作需要什么样的知识, 技能?(韩国语能力, 英语能力, 实习经验等)

需要较高的韩国语水平和一定的教学经验。因为要用韩国语教授中文(发音, 语法方面的知识)。

5．对于正在准备毕业找工作的后辈们，能否结合自身的经验给点小
　　建议？

　　与其找适合自己的工作，不如找自己真正喜欢去做的工作。本身留学
生们身在海外，生活上和精神上的负担就会很大，如果只是为了工作而工
作，只会增加压力；但如果怀着热情去工作，便会达到一箭双雕的效果。

6．您是否有其它想说的话？

　　刚开始找工作的时候，　不要对自己要求太高或给自己太大的压力，
量力而行量体裁衣给自己一个平衡的心态是非常关键的。

7．您的一天是怎么度过的？

07:30

起床，吃早饭，准备好上课时使用的教科书和材料九点准时从家出发。我家住首尔，但是工作的地方在仁川，路途需要一个半小时的时间，感觉这个时间有些让人头疼。

10:50

开始上第一节课，每一课时为50分钟，一节课是100分钟。通常第一课时会讲一些重点知识，第二课时基本上是练习口语或听力。

16:40

一天的课基本上结束了，跟同学们讨论一下课堂上的疑难问题，准备坐大巴回家。

18:00

下午六点左右到家，整理一下一天的工作便开始吃晚饭，看电视。八点开始工作(大部分时间是备课)，两个小时后会看一些小说，杂志然后就寝。

23:00

每天争取十一点左右就寝，有时睡觉前还会看一些书或玩一些小游戏。

[8] 周燕

大学/专业	韩国技术教育大学/ 生产自动化		性别	女
公司名称/职位	中国检验认证集团韩国有限公司/证书部代理		在韩时间	7年
韩国语能力	上	英语能力	中	
TOPIK等级	6级	英语成绩	500	

1. 您为什么选择在韩国工作?

我是在韩国留学4年毕业后选择留在韩国工作的，我认为大学毕业了在国外有个工作经验的话我的留学生活才算是完整的，如果这次不抓住机遇的话等回国了再想出国工作就很困难了，趁年轻多见见世面总是有好处的。

2. 你是通过怎样的途径找到现在的工作的?

通过就业网站，刚毕业的学生招工作时都很迷茫，进入就业网站不知所措眼花缭乱，但是还是可以找到调理的，比如说中国留学生就可以先筛选出与中国语有关的公司以及和自己专业有关联的招聘信息，在这基础上还可以进一步筛选自己喜欢的地域或者是感兴趣的公司，或者是选择自己可以接受的薪水，初期找工作的时候介于自己的工作能力有限最好不要手高眼低。

3. 在公司里您每天都做什么工作?

主要的工作是废料检验出证前审核，每个月还有相关的一些统计，市场性业务有负责出口印尼的废料检验出证审核。另外我还是公司的样品管理员，资料管理员，偶尔还会做旧机电装运前检验，退运检验，鉴定报告审核出证。

4．从事您现在的工作需要什么样的知识，技能？(韩国语能力，英语能力，实习经验等)

　　首先最重要的是韩国语和英语能力，我们往往面对的普遍都是韩国企业，所以和企业的工作上的交流一定要顺畅；谈到经验的话我个人认为工作不单单是学会怎样工作，工作做久了谁都会做的很熟练没有太大差距，那为什么有的人升职了而有的人还一直在跳槽那，我个人认为在海外工作中要学会机敏和洞察能力，领悟海外公司的运营模式，思考海外公司与国内公司的共同点和差异，从领导角度出发思考问题不要一味的埋怨我想一定会受益匪浅的。

5．对于正在准备毕业找工作的后辈们，能否结合自身的经验给点小建议？

1) 简历的格式，最好是参考你所在国家的常用格式，而不是去百度里搜索国内的简历模式。另外也可以请有经验的韩国朋友帮忙检查一下。简历中的联系方式和邮箱一定是自己最常用的，就业期间最好手机不要长时间处于关机状态。

2) 在国外要想就业的话最重要的就是语言，特别是口语方面一定要加强，很多外国学生都是在面试环节发挥不佳而导致失败的。面

试前一定要准备好口述的自我介绍和一些简单的对话，以防面试
时无话可说。

3) 在投简历前，要给自己定好一定范围的选择权，而不是盲目的撒
网捕鱼的方式，哪要了就去哪，对自己投过简历的公司以及部门
做一定的了解，并且对这些公司简单的记录下来，因为往往投的
简历多了最后连自己都不清楚投过哪些公司。突然哪个公司来联
系了连自己都不清楚内容的话那就显得很没诚意。

6．您是否有其它想说的话？

我的工作时效性很强，所以对时间的安排极为重要，工作中分三种
工作，一种是紧急的工作，常出现的是上级领导的临时指示，另外一
种是重要的工作，按我的工作来说就是每个月要上报的统计，还有一
种就是每天按部就班要做的工作，那刚入公司的学生很难把握好每种
工作之间的利害关系，有时出现时间冲突时我认为最先要处理的就是
上级领导的突发指示，这时很容易体现一个人的工作能力，所以要把
握时机好好表现，其次就是重要的工作，最好在预定的时间之前完成，
在要提交之前可以多挪用时间来完成重要的工作。

7. 您的一天是怎么度过的?

07:40

洗漱后简单的吃点早餐就出门了，从我住的地方到公司坐车大概需要一个小时，上班的路上我会通过手机上的ZAKER软件看有关国内外的新闻。多看些海内外新闻好处多多。

09:00

9点前到公司，泡杯咖啡，第一件事就是查看邮件，如果有比较重要的邮件我会先来处理然后开始按照日常流程工作。

09:00~10:00

10点之前主要是处理前一天有问题或者资料不齐而待处理的出证资料，与企业的联系比较多。

10:00~11:00

审核上午收到的所有出证资料。在11点之前尽量结束审核工作，一般会处理10份到15份左右的资料。

11:00~12:00

11点过后对审核完毕的资料进行打印证书，出具证书。 我的证书出来后需要另一位同事做出证后的邮寄等工作，所以一天分三次审核三次出具证书，要体谅下属职员的时间安排。

12:00~13:00

午休时间会和同事聊一些早晨看的一些新闻或者是部门内同事的话会谈些工作上的事情。

13:00~15:00

下午审核资料相对上午要多20单左右，所以分配2个小时的审核时间。

15:00~15:30

尽量在这个时间段内打印证书，出具证书。下午3点半左右就有企业来取证书。

15:30~16:30

最晚要在4点半之前结束当天的剩余审核工作。5点之前结束证书打印，5点另一部门将证书邮寄出去。

例) 16:30

5点到6点之前整理一整天下来有问题的或者缺资料而无法审核完毕的资料， 查看邮件看是否有遗漏的工作，处理审核资料以外的工作。

⑨ 何炜

大学/专业	韩国崇实大学/贸易		性别	男
公司名称/职位	锦湖石油化学贸易(上海)有限公司		在韩时间	6年
韩国语能力	上	英语能力	中	
TOPIK等级		英语成绩		

1. 您为什么选择在韩国工作?

我是在韩国留学6年毕业后选择回中国。

中国的发展很快, 尤其在经济中心城市上海, 外企多, 机会多。

在留在韩国于回中国之间也做过思考, 韩国也投过简历, 偶尔在一次上海韩国总商会招聘上看到有不错的韩国企业在招聘, 于是投递了简历, 经过两次面试, 得以成功。

还是觉得回家的生活比较适应, 虽然上海的物价和生活压力已经超过韩国。

2. 你是通过怎样的途径找到现在的工作的?

通过上海韩国总商会的招聘会找到工作的。社会新人找工作, 还是要注意适当放低自己的身价, 在社会先立足, 再择业。毕竟现在全球经济普遍显现疲态, 尤其是没有多少工作经验的社会新人, 尤其要注意自己的心态, 注意学习, 才能在职场道路上走的更远。

3．在公司里您每天都做什么工作?

　　主要的工作是人事工作，包括简单的员工出勤管理，劳务关系管理，薪资管理，招聘等相关工作。

　　还需要积极联络社会公益活动，努力提升企业本地化形象。

　　与属地政府机关及合作企事业单位定期联络，帮助企业争取更多的政府支援。

4．从事您现在的工作需要什么样的知识，技能?(韩国语能力，英语能力，实习经验等)

　　本地化的外资企业，最重要的是本质业务技能的水平，新人尤其需要多学习，多体会，多向老员工请教。当然，外企也同时很注重语言技能，英语很重要，对于韩国企业来说，韩语也必不可少。

　　对于公司人事，会计，等部门，基础的会计知识必不可少，对于回国工作从事企业管理方面的朋友，尤其需要注意这点。

5．对于正在准备毕业找工作的后辈们，能否结合自身的经验给点小建议?

　　注意时间观念，不管是在面试和入职环节，遵守时间很重要。

　　注意职业技能的学习与提高，时刻注意补充新知识。

　　注意人际关系处理技能，企业是大团队，人际关系尤其重要，积极培养团队观念。

注意人脉积累, 为今后职业道路发展铺路。

6. 您是否有其它想说的话?

做好职业规划, 一步步提高自己。

7. 您的一天是怎么度过的?(时间及内容简单叙述一下)

08:15

洗漱后简单的吃点早餐就出门了, 从我住的地方到公司坐地铁概需要20分钟, 提前15分钟到单位,
简单计划一下当日工作。

08:30

第一件事就是查看邮件, 并及时回复。

09:00~11:30

周一会进行简单例会, 总结与计划工作。
其他时间, 上午一般继续处理领导交代的工作任务。
有的时候做员工管理方面的统计表格。

11:30~13:00

午餐午休。

13:00~15:00

继续上午的工作。
如果有对外联络的工作任务, 会与其他单位预约并协商。

15:00~15:30

简单休息, 并和员工讨论工作。

15:30~17:30

处理完成一天的工作任务, 并做好记录, 计划好第二天的工作。

17:30

下班。

⑩ 康香花

大学/专业	延边大学科学技术学院/生物工程		性别	女
公司名称/职位	中国金融研究院/翻译		在韩时间	一年半
韩国语能力	上	英语能力		下
TOPIK等级	6级	英语成绩		无

1. 您为什么选择在韩国工作?

　　首先是因为父母都在韩国，想与家里人一起生活。

　　其次觉得韩国有很多学习，再深造的机会。我现在就想念同声翻译大学院。这种较专业的中韩翻译大学院在中国较罕见，不过在韩国就比较容易上了。而且正好还可以大幅提高我的韩国水平。

2. 你是通过怎样的途径找到现在的工作的?

　　在语言学院上学的时候，跟我一起学习的姐姐介绍给我的。

3. 在公司里您每天都做什么工作?

　　一般都做有关金融方面的韩中笔译。我非常喜欢笔译这份工作。因为通过翻译某一领域的内容，我不仅可以提高我的翻译能力，还可以增加我都哪一领域的了解。

4．从事您现在的工作需要什么样的知识，技能?(韩国语能力，英语
　能力，实习经验等)

　　现在这个工作主要是韩中翻译，所以不但韩国语要流利，而且也要
有翻译技巧。

5．对于正在准备毕业找工作的后辈们，能否结合自身的经验给点小
　建议?

　　对于即将要步入社会的后辈们，我最想说的一句话就是你一定要先
找到你的梦想。你只要有梦想，找工作就不是什么难事了。我们不应
该跟风，看哪里吃香，就去哪儿找工作。你要先找到自己的梦想，这样
你就会有奋斗的目标。再苦再累，也就没什么了，而且做的也开心，久
而久之你就可以成为这方面的"专家"。
　　我也是因为想成为同声翻译师，所以准备念同声翻译大学院。我已
经在国内大学毕业工作了2年，那时候工作不但工资高，而且还是正式
员工，很有发展前途。不过我想走的路不是在企业做简单的翻译。所
以我辞掉国内的工作，来韩国准备了研究生入学考试。这个准备时间
整整用了18个月，其实很不容易。不过因为我有梦，所以一想到这个
我就很开心，再枯燥的学习就变得有意思了。也许有些人会说翻译又
挣不了多少钱，而且还累，不过这是我的梦想，所以我在中国金融研
究院工作的这段时间，非常开心，而且也很有成就感。所以我非常喜
欢我的这份工作。
　　希望你也早日找到自己的真正梦想，去为实现这个梦想而奋斗。

6. 您是否有其它想说的话?

　　我认为无论在哪家企业，从事什么行业我们都要诚实。比如说翻译，我觉得最重要的就是要诚实地做好翻译。不知道的部分就要多找资料，一定要准确地翻译。不应不知道，没时间而随便翻译或漏掉一些部分而翻译。其实在海外工作，我们一定要诚实。诚实地对待工作，对待同事，对待上司。

7. 您的一天是怎么度过的?(时间及内容简单叙述一下)

09:00~11:00
在学院上课
11:00~12:00
与同学一起小组学习
12:00~13:00
吃午饭
13:00~晚上

翻译。因为翻译工作是要在几天内完成一定量的工作。
所以下班时间比较随和，可以根据自己的计划下班，如果突然要翻译的内容多了，也许就要加班。

 郑源

大学/专业	崇实大学/自动控制		性别	男
公司名称/职位	SoulbrainENG		在韩时间	4年
韩国语能力	上	英语能力		中
TOPIK等级		英语成绩		OPIC　I M

1．您为什么选择在韩国工作?

主要有三个原因。

第一，父母和女朋友都在韩国，所以打算以后一直留在韩国生活。

第二，中国上海，北京等地的房价，物价跟首尔差不多或更贵，但收入却低很多。这使得在韩国读到硕士的我来说选择韩国比选择中国更加有优势。

第三，随着跟中国贸易的增加，不管是大企业还是中小企业对于会中国语的人的需求越来越大，以后会有更多的机会从事关于中国的业务。

2．你是通过怎样的途径找到现在的工作的?

在韩国比较大的找工作的网页上投简历找的

3．在公司里您每天都做什么工作?

每天做的大概有

第一虽然不是天天都开会，但是如果有新的项目要做的话，早晨一般经常会开会，然后写按天来写的报告，主要内容是昨天做过什么，今天要做什么明天要做什么等内容。

第二因为我主要做的是设备开发，所以有新项目的话会检讨设备，编程等工作。

第三自己学习，作为学工科的人，需要不断的学习新的知识。

一般项目不是一年四季天天都有，所以有项目的时候会忙，没有项目的时候会自己看专业书籍。

4．从事您现在的工作需要什么样的知识，技能?(韩国语能力，英语能力，实习经验等)

作为工程师，专业知识必须要会的，韩语能力虽然不是特别重要，但是一般的对话用语和专业用语是必须要会的，不然见客户，检讨设备等时沟通会出现问题，而且公司也不会把重要的活交给你做，最重要的是以后很难升职到管理者的位置。英语虽然并不要求说的很流利，但是很多说明书是用英文的所以要求会看说明书等。

5．对于正在准备毕业找工作的后辈们，能否结合自身的经验给点小建议?

如果有希望进大企业的话尽力而为，人人都想进大企业都是有原因的，但是如果能力不足，进不了大企业也不要气馁，从中小企业开始慢慢积累经验，慢慢向大企业挑战，一般进企业上班的话，不管有多难，只要坚持几年积累经验的话，以后会很容易换公司，而且是在满足你个人要求的条件下。所以我觉得作为学工科的人来说，积累经验

是最重要的。 不管是大企业还是中小企业只要经验够了就能有很好的
发展的。

6．您是否有其它想说的话？

　　无

7．您的一天是怎么度过的？(时间及内容简单叙述一下)

例) 08:00
新的一天开始了，洗漱后简单吃点面包牛奶就出门了，从我住的地方到公司坐车大概需要30分钟，一般都是提前5分钟到办公室，泡杯咖啡歇一会，准备开始工作了
09:00
不知道今天是不是要开会，开会前利用几分钟把昨天做的和今天要做的写完，发送给팀장把。
10:30
把今天要做的活好好整理一下，开始编程
12:30
午饭时间，吃完午饭累的话就坐在椅子上小睡会儿。不困的话就上上网，或用手机聊聊天。
13:30
又要开始干活儿了。继续编程，一般会把整个程序分成很多小段来验证，所以编完一段之后会到设备前去检验一下看看好不好用有什么需要补充或修改的地方。
17:00
整理文件，有什么难题之类的就给供应商打电话询问一些问题，再上上网找找好其他研究资料。
18:00
如果把早晨上班后写的今天要做的事做完，就回家，如果没做完就在公司吃个饭然后上夜班争取把活儿做完。
例) 18:30
예) 项目报告书终于做完了，收拾一下准备回家，今天真是忙碌的一天。

단위: 만 원

업종	기업규모	사원 수	신입연봉
건설	대	500명 이상	2800~3300
	중	150~299명	2700~2900
	소	1~149명	1600~2100
금융/보험	대	500명 이상	3300~3800
	중	150~249명	2800~3300
	소	50~149명	1400~1900
기계철강	대	500명 이상	2300~2800
	중	50~149명	1800~2300
	소	1~49명	1300~1800
문화교육	대	200~499명	1800~2300
	중	50~149명	1600~2100
	소	1~49명	1200~1700
물류/운수	대	500명 이상	1800~2300
	중	100~299명	1700~2200
	소	1~99명	1600~2100
석유/가스/에너지	대	50~99명	3100~3600
	중소	1~49명	2600~3100
섬유/의류	대	500명 이상	2600~3100
	중	150~199명	2100~2600
	소	1~49명	1600~2100
식음료	대	500명 이상	2600~3100
	중	150~299명	2000~2500
	소	100~149명	1500~2000
유통/무역	대	500명 이상	2500~3000
	중	150~199명	2000~2300
	소	1~49명	1600~1800
자동차	대	500명 이상	2500~3000
	중	100~299명	1800~2300
	소	1~49명	1200~1700
전기전자	대	500명 이상	2800~3200
	중	150~499명	2200~2700
	소	50~149명	1500~2000

정보통신/IT	대	500명 이상	2600~3100
	중	100~299명	1900~2400
	소	1~49명	1600~1900
제약	대	500명 이상	2800~3300
	중	150~299명	2100~2400
	소	1~99명	1700~2000
조선/중공업	대	500명 이상	2000~2500
	중	50~149명	1800~2200
	소	1~49명	1200~1600
화학	대	500명 이상	2400~2900
	중	100~299명	1800~2300
	소	1~49명	1300~1800

※ 2011년 대학 졸업자 기준임

Step 3

취업
프로세스

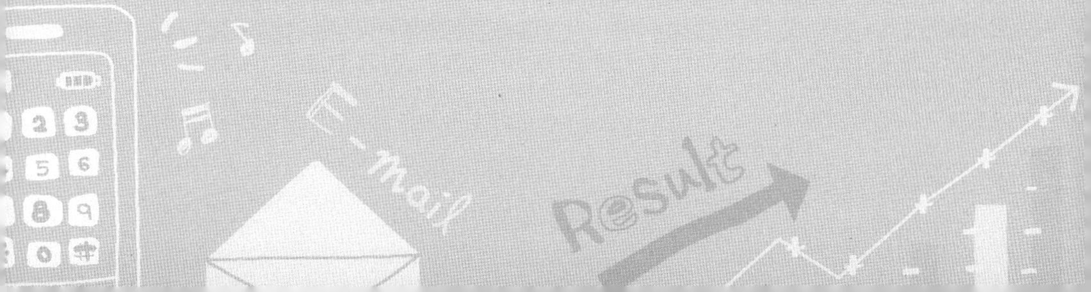

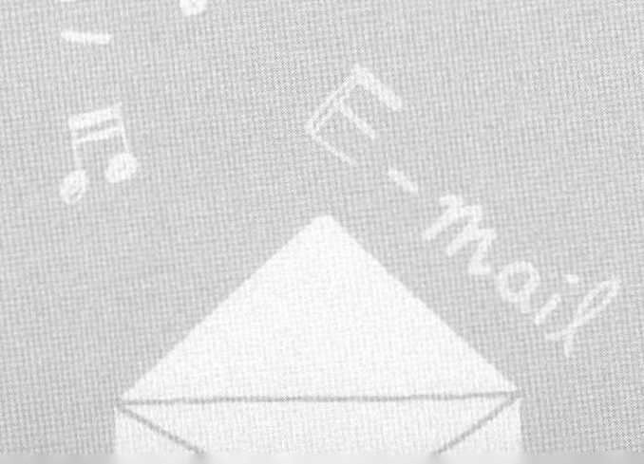

기업의 채용프로세스는 크게 서류전형, 필기전형, 면접전형의 3단계로 구조화되어 있습니다. 서류전형은 기본적인 스펙(학점, 어학능력, 자격증)의 충족 여부, 기본 자질과 역량을 평가하며, 필기전형은 직무수행에 필요한 기본 능력, 기본 인성과 조직 적합도, 인재상과의 일치성을 평가하게 됩니다. 마지막 면접전형에서는 직무 수행에 필요한 전공능력, 기본 인성과 조직 적합도, 핵심역량과 핵심가치를 평가합니다.

이력서

1) 이력서 작성 전 준비사항

(1) 기본 요구 스펙의 충족

이력서 작성에 앞서 가장 중요한 것은 기업의 요구에 맞는 「학점과 어학점수 및 자격증 등의 자격 사항」을 맞추는 것입니다. 서로 다른 대학의 동일한 스펙의 지원자로 실험했을 때 명문 대학 지원자의 합격률이 높았던 것에서 알 수 있듯이 아무리 자기소개서를 다 검수해서 서류전형을 한다고 강조하는 기업이더라도 이러한 Filtering의 존재를 무시할 수 없는 것이 현실입니다. 이러한 스펙은 농구 선수를 뽑는데 키가 큰 사람을 우선 대상자로 선정하는 것과 유사한데 일반적으로 농구 선수를 뽑는데 키가 크면 상대적으로 키가 작은 사람에 비해서 그 기대치가 높은 것과 같다는 것입니다. 물론 키가 작더라도 농구를 잘할 수 있으므로 이것을 선별하는 시스템이 있어야 하지만 위의 예에서 볼 수 있듯이 현실적으로 기업은 이러한 노력이 부족한 것이 사실이므로 '취업'이라는 소기의 성과를 위해서는 기본 스펙을 갖추어야 한다는 것입니다. 그것이 부족하다면 자기소개서에는 이런 부족한 부분에 대한 충분한 이해를 돕는 내용이 포함되어야 합니다. 이런 스펙이라는 외형적인 조건은 다른 어떤 중요 경쟁력보다 더 중요한 사실임을 강조합니다.

(2) 적절한 지원 부서 선택

자신의 직무 가치를 높일 수 있는 직무를 선택하는 일은 스펙을 갖추는 일 다음으로 해야 하는 매우 중요한 과정입니다. 다만 직무를 선택할 때 무조건 하나의 직무만을 지원할 것이 아니라 그와 연관성이 있는 직무에 지원을 하게 된다면 입사 후 Job Post를 통해서 어느 정도의 직무, 직군 이동이 가능할 수 있습니다. 예를 들어 해외 영업 지원자의 경우 지나친 경쟁을 한다면 실무를 먼저 배우고 Job Post를 통해서 해외 영업 직무, 직군으로 업무 수행을 하는 것 역시 한 가지 방법이라는 것입니다.

특히 신입사원이 바로 해외 영업에 투입되는 경우는 극히 드물며 대부분 어느 정도 실무를 익힌 이후에 투입하게 된다는 점에서 이러한 것이 더 바람직할 수도 있다는 것을 생각해 볼 필요가 있습니다. 즉, 다른 직무, 직군으로 입사하여 실무를 익힌 이후에도 충분한 직무 역량을 갖추고 있다면 해외 영업 직무를 수행하는 것이 불가능한 일은 아니라는 것입니다. 오히려 충분한 실무 능력은 회사에서 가장 높은 가치를 지니는 요소로 평가받게 됩니다.

(3) 사진은 스튜디오에서 촬영한 것을 사용해야 합니다

믿기 어려울지는 모르겠으나 아직까지도 많은 지원자가 스튜디오에서 정장을 입고 촬영한 사진이 아닌 휴대폰 및 스티커 사진으로 촬영한 사진을 자기소개서에 첨부한다고 합니다. 사진은 사람과 사람이 처음 만나는 것임을 감안할 때 그 중요성을 충분히 인식하여야 하며 그러므로 비스듬한 자세로 촬영한 사진, 정장이 아닌 사진 등은 절대 사용해서는 안 됩니다.

2) 이력서 기본구조

(1) 사진

사진은 3개월 이내에 촬영된 것으로, 가능하면 밝고 자연스럽게 나온 사진을 붙이도록 합니다. 간혹 지원자들 중에 무리하게 포토샵을 하거나 각도 잡고 찍은 사진을 붙이는 경우가 있는데, 인사담당자들은 이런 사진을 신뢰하지 않습니다. 또한, 실물과 너무 다른 모습의 사진도 지양해야 합니다. 나중에 면접을 보러 갔을 때 면접관이 지원자를 알아보지 못하는 불상사가 생기면 안 되겠지요. 또한, 가능하면 정장 차림의 사진을 선택하는 것이 좋습니다. 회사에 대한 예의지요. 일반적으로 3cm×4cm 규격의 반명함판 사진을 부착합니다.

(2) 인적사항

　호주와의 관계는 호주가 주가 되어 호주 쪽에서 바라본 자신과의 관계를 의미합니다. 그러니까 '父'나 '母'가 아닌 '長男', '次女' 등으로 기재해야 하는 것이지요. 인적사항을 기입할 때는 반드시 주민등록 등·초본에 기재되어 있는 내용과 동일하게 기재해야 합니다. 인적사항을 명확하게 기재하지 않으면 동사무소에도 등록되어 있지 않은 유령 지원자가 되겠지요. 가족관계는 형제자매(兄弟姊妹)로 적으면 됩니다. 인적사항을 작성할 때는 꼼꼼하게 확인한 뒤 기재해야 합니다.

(3) 학력

　고등학교 때부터 대학(대학원) 과정을 기재하는 것이 일반적이며, 과거부터 현재 순으로 기재합니다. 만약 편입했을 경우에는 전적 대학과 편입대학 모두 적으면 됩니다. 지원시점 이후에 졸업하면 졸업 예정이라고 씁니다.

(4) 경력

　신입 지원자의 경우 아르바이트와 인턴 경험, 봉사활동 및 어학연수 등을 기재합니다. 경력을 조금 부풀리는 것은 애교지만, 아예 있지도 않은 경력을 기재했다가 나중에 면접관 앞에서 들통나는 일이 있어서는 안 됩니다. 정 경력이 없다면 학창시절에 했던 동아리 활동이나 프로젝트 참여 경험 등을 기재합니다.

학창시절 휴학을 하고 회사에 다녔다면 자신의 경력을 가감 없이 작성합니다. 어느 회사, 어느 부서, 어떤 프로젝트를 담당했고 결과는 어떠했는지 면밀하게 채워 넣어야 합니다. 여기서 중요한 점은, 자신을 어필할 수 있는 경력일수록 더 상세하게 적어야 한다는 것입니다. 프로젝트 결과가 좋지 않았다면 굳이 쓰지 않도록 합니다.

(5) 자격증 및 특기사항

자격증이 너무 많다면 지원하는 분야와 관련 없는 자격증은 빼는 게 낫습니다. 예컨대 영업직 지원자라면 2종 보통 운전면허가 있다는 사실을 기재하는 건 필요하겠죠. 공인인증 어학점수(한국어의 경우 TOPIK, 영어의 경우 TOEIC·TOEFL·TEPS, 일본어의 경우 JPT·JLPT, 중국어는 HSK 등)는 최근 2년간의 성적 중에서 가장 좋은 것으로 기재합니다. 그 밖에 컴퓨터 자격, 통계 프로그램, CAD 등도 기재합니다.

(6) 마무리

이와 같이 작성하고 성명 뒤에 도장을 찍습니다. 온라인 접수 시에는 도장날인을 생략하는 것이 일반적입니다.

3) 이력서 작성 시 주의사항

(1) 표준어를 사용한다

　이력서는 인사담당자와 회사임원들이 모두 보는 문서입니다. 이력서는 표준어 한글로 작성하는 것이 원칙이며, 이따금 영어를 쓰거나 국한문을 혼용하는 것도 좋으나 정확하지 않은 것은 쓰지 않도록 합니다. 특히, 오탈자나 맞춤법에 주의하세요.

(2) 모든 내용은 솔직하게 쓴다

　이력서를 통과하기 위해 무작정 경력을 조작하거나 필요 이상 과장하는 지원자가 있습니다. 그것으로 서류 면접을 통과할지는 몰라도, 반드시 면접에서 창피를 당하며 탈락하기 때문에 결국 하나마나 한 모험입니다. 만에 하나 면접까지 통과했다고 해도, 입사를 앞둔 시점에서 취소를 당하는 등 좋지 않은 결과가 있을 수 있습니다.

(3) 간단하게, 그러나 강렬하게 작성한다

　인사담당자가 한 사람의 이력서를 보는 데는 채 1분이 넘지 않는다고 합니다. 따라서 이력서는 간단하면서도 한편으로는 인사담당자의 눈길을 한눈에 끌 수 있을 만큼 강렬해야 합니다. 때로는 중요한 부분을 굵은 글씨로 작성하는 것도 좋은 방법입니다.

(4) 빈칸을 남김없이 쓰려고 노력한다

이력서에 빈칸이 있으면 인사담당자 입장에서 성의 없는 지원자라고 생각하기 쉽습니다. 채울 수 있는 칸은 가능한 한 모두 채워야 합니다. 꼭 기업에서 우대하는 사항은 아닐지라도 학창시절을 성실하게 보냈다는 증표가 될 수 있을 테니까요.

(5) 나만의 이력서 형식을 만든다

회사에서 정해진 이력서 양식이 있다면 거기에 따르는 것이 관례입니다. 그러나 주어진 형식이 없다면, 기존의 일반적인 이력서 양식에 편승하는 것보다 자신만의 개성 있는 이력서 양식을 창조하는 것을 추천합니다. 지원하는 회사와 분야에 맞게 이력서 양식을 선택하거나, 자신이 만들어 작성하면 인사담당자의 눈에 창의적이고 소신 있는 인재라고 인식되어 선택받기도 쉽습니다. 요즘에는 기업에서 이메일로 이력서를 받기 때문에 주어진 양식이 모자란다면 첨부파일을 통해서 추가적인 능력을 보여주는 것도 좋습니다.

4) 이력서 작성 체크포인트

(1) 이력서 제출 전 체크포인트

• 연락 가능한 연락처와 E-mail은 작성 후 반드시 재확인합니다.

- 잘못 등록한 정보로 인해 면접 통보를 못 받는 불이익이 생길 수 있습니다.
- 지원분야는 채용공고와 일치하도록 하며, 희망연봉을 작성하기 어려울 경우 빈칸보다 '회사내규에 따름'이라고 작성합니다.
- 신입지원의 경우 경력사항에 아르바이트, 인턴 등 사회활동 사항을 입력합니다.
- 작성날짜가 지원기간 내에 작성되었는지 확인하고 서명 또는 날인합니다.
- 온라인 제출일 경우 생략 가능합니다.

(2) 온라인 이력서 작성 포인트

- 자기소개서 작성 시 직접 입력하지 않고 미리 작성된 워드나 양식 파일에서 붙여 넣기를 할 경우 글씨체와 스타일이 변경되거나 제한 글자 수를 넘어갈 수 있으므로 제출 전에 입력된 내용을 확인해야 합니다.
- 입사지원 마감일에는 지원서 접수가 몰려서 서버가 다운될 경우 입사지원이 원활하지 않을 수 있기 때문에 제출은 빠를수록 좋습니다.
- 최종 지원을 하면 이력서 및 자기소개서를 수정할 수 없는 경우가 있으므로, 최종 지원 전에 작성된 내용을 꼼꼼히 살펴볼 필요가 있습니다.
- 지원 후 작성된 내용을 확인하지 못할 경우를 대비하여 작성된 내용을 캡처 또는 문서로 보관하여 면접에 대비하도록 합니다.

5) 이력서 예시

[sample1]

<table>
<tr><td rowspan="4">사 진</td><td>성명(한글)</td><td></td><td>연락처</td><td></td></tr>
<tr><td>성명(한자)</td><td></td><td>E-mail</td><td></td></tr>
<tr><td>주민번호</td><td></td><td>희망부서</td><td></td></tr>
<tr><td>거주지</td><td colspan="3"></td></tr>
</table>

<table>
<tr><td rowspan="4">학력사항</td><td>기간</td><td>학교명</td><td>전공</td><td>비고</td></tr>
<tr><td></td><td></td><td></td><td></td></tr>
<tr><td></td><td></td><td></td><td></td></tr>
<tr><td></td><td></td><td></td><td></td></tr>
</table>

성적	/4.5(총점기준)	TOEIC		영어회화	상 중 하

<table>
<tr><td rowspan="4">자격증</td><td>발급일</td><td colspan="2">자격명</td><td>시행처</td></tr>
<tr><td></td><td colspan="2"></td><td></td></tr>
<tr><td></td><td colspan="2"></td><td></td></tr>
<tr><td></td><td colspan="2"></td><td></td></tr>
</table>

<table>
<tr><td rowspan="4">경력사항</td><td>구분</td><td>활동기간</td><td>활동내역</td></tr>
<tr><td>동아리</td><td></td><td></td></tr>
<tr><td>봉사활동</td><td></td><td></td></tr>
<tr><td>아르바이트</td><td></td><td></td></tr>
</table>

PC활용능력	상 중 하	사용 프로그램	

<table>
<tr><td rowspan="4">가족관계</td><td>관계</td><td>성명</td><td>직업</td><td>최종학력</td><td>동거여부</td><td>신장</td><td>cm</td></tr>
<tr><td>부</td><td></td><td></td><td></td><td></td><td>취미</td><td></td></tr>
<tr><td>모</td><td></td><td></td><td></td><td></td><td>특기</td><td></td></tr>
<tr><td>제</td><td></td><td></td><td></td><td></td><td>종교</td><td></td></tr>
</table>

위의 내용은 사실과 틀림이 없습니다.

년   월   일

지원자   (인)

[작성 시 주의사항]

- 사진은 3개월 이내에 예의에 어긋나지 않는 의상을 입고 촬영한 것으로 부착한다.
- 연락 가능한 전화번호와 E-mail을 정확하게 기재했는지 확인해야 한다.
- 학력은 보통 고등학교 졸업부터 기재하며 연도순으로 정렬하는 것이 좋다.
- 지원분야 관련 자격증은 빠짐없이 기재하며 발행일과 발령청을 함께 기재해야 한다.
- 동아리 활동이나 아르바이트, 자원봉사 등 자신을 차별화할 수 있는 부분을 기재한다.
- 마무리 양식을 지킨다. 모든 사항들을 확인하고 서명한다.

[sample2]

사진	성명	○○○	(한자)○○○
	주민등록번호	○○○○○○ - ○○○○○○○	
	주소	○○ 시 ○○ 구 ○○ 동	
	연락처	○○○ - ○○○○ - ○○○○	
	E-mail	○○○○@job.com	

학력사항

연 월	학 교 명	학 과	학 점	비 고
○○○○. 2	○○ 고등학교			졸 업
○○○○. 3	○○○ 대학교	국어국문학과		입 학
○○○○. 2	○○○ 대학교	국어국문학과/ 경영학(부전공)	4.12/4.5	졸업 예정

경력사항

연 월	내 용	관 련 처
○○○○. 3~○○○○. 7	방과 후 과외	서울지역아동센터
○○○○. 1. 7~○○○○. 12. 20	어린이날 행사 자원봉사	서울시청
○○○○. 4~○○○○. 5	여수엑스포 자원봉사자	전남 여수

자격 및 특기사항

내 용	관 련 처
TOEIC 900	ETS
TOPIK 한국어능력시험 6급	한국교육과정평가원

위의 기재내용은 사실과 다름없음을 서약합니다.

2013. ○○. ○○

○○○ (인)

[sample3]

이력서

사진(3×4㎝)				**희망부서**	
				희망연봉	
	성명	한글		**주민등록번호**	
		한자		**생년월일**	
	연락처	주소	(-)		
		전화번호		**핸드폰**	

학력	고등학교	년 월 고등학교 졸업(검정고시)			
	대학	년 월 대학교 학과 입학(편입)			
		년 월 대학교 학과 졸업(예정)			
	대학원	년 월 대학원 전공 입학			
		년 월 대학원 전공 졸업(예정, 수료)			
	기타	년 월			
		년 월			
성적 (총점기준)	자격증	①	외국어 능력점수	영어	TOEIC :
		②		제2외국어	①:
		③			②:

경력	근무기간	근무처	직위	주요업무	급여	사직이유
	년 월 ~ 년 월					
	년 월 ~ 년 월					
	년 월 ~ 년 월					

과외활동	활동기간	단체명
	년 월 ~ 년 월	
	년 월 ~ 년 월	

신체	신장	시력	혈액형	질병·장애	기타	취미	특기	종교
		좌: 우:						

위의내용은사실과틀림이없습니다.
○○○○년○○월○○일
지원자: ○○○(인)

6) 영문이력서

외국계 회사에 지원할 때는 영문이력서를 함께 제출하는 것이 일반적입니다. 또한 국내 회사에서도 분야에 따라 영문 이력서를 요구하는 경우가 있습니다. 영문이력서는 국문 이력서와는 달리 정해진 양식이 없는 경우가 대부분입니다. 외국계 회사는 경력과 경험을 중시하는 경향이 큰데, 그 이유는 실무에 바로 투입이 될 수 있는 지원자를 원하기 때문입니다. 국내 회사에서 면접이 합격의 당락을 좌우하는 반면, 외국계 회사는 이력서로 많은 것을 판단합니다. 따라서 영문이력서에서는 회사가 모집하는 분야와 부서에 자신이 얼마나 적절한 인재인지 경력 중심으로 어필하는 것이 중요합니다.

(1) Personal Identification

Personal History (Resume) of Kil Dong Hong 식으로 누구의 이력서인지를 첫 줄 상단에 표시하는 것이 흔히 사용하는 서식입니다. 그 밑에 현주소나 연락처, 전화번호, 기타 인적 사항을 적고, 나이 (Date of Birth)는 월, 일, 연도 순으로 기재합니다.

(2) Professional Objective

이 부분은 응시자의 직무를 밝히는 중요한 부분으로 지원자가 원하는 분야 혹은 부서를 열거 식으로 나열해도 좋습니다. Account, Computer Programmer, Electrical Technician, Hotel Manager, Stewardess 등으로 표현하고, 지원자가 찾고 있는 position을 명시하기 위해서는 지원하는 기업의 Organizational Chart(부서기구)를 알아보고 희망하는 부서를 파악한 뒤 기재합니다.

(3) Educational Background

미국식 기재 방식은 최근 졸업한 학교부터 과거 순으로 기재하는 것이 원칙이나 한국식으로 과거부터 최근 순으로 기재해도 상관은 없습니다. 부전공과 졸업 평점이 채용의 큰 변수로 작용한다면, 졸업 연도와 학교, 학위명을 명기하도록 합니다.

　예) Mar. 3, 2009: Hangang Univ., SEOUL Major: Mechanical Drafting
　　　Degree: B.S.

(4) Work Experience

경력란은 Resume의 가장 중요한 부분입니다. 최근의 경력에서부터 역순으로 쓰되 근무 기간, 회사명 및 소재 도시, 직위, 직무 내용을 적습니다. 이 중에서 가장 중요한 것은 회사명이 아니라 실제 자신이 한 업무나 성과의 내용입니다. 회사는 이 부분을 토대로 "What can you do for me?"의 궁금증을 풀려고 하기 때문입니다. 그러므로 그 회사가 필요로 하는 업무 내용과 관계없는 경력은 간략하게 하고 관계 있는 경력을 부각하는 것이 중요합니다.

　예) Nanum Bakery, Taechi-dong, Seoul Cashier and baker (part-time,
　　　June 03 - September 03)

(5) School Activities

이 난은 조직력, 협동심, 지도력을 표현할 수 있는 공식적인 기재
난입니다. 사회 초년생의 Resume에는 경력란이 충분히 채워질 수
없으므로 재학 시절의 동아리 혹은 과외 활동을 통하여 발견한 자기
적성이나 재능이 전문적인 직업으로 연결될 수 있도록 적습니다.

예) Mar. 5, 2007 to Feb. 5, 2008 Treasure of the Chung-Ang Accounting
Society, Korea Univ.

(6) Skills

학원이나 친지에게 배운 기술은 있는데 실제로 활용한 실무 경력
이 없는 경우 이 난에 간략히 적어 넣습니다. Resume은 "What I
did"(나는 이러저러한 일을 했었다)보다는 "What I can do for you"
(내가 과거에 쌓은 이러저러한 경력이 귀사에 도움이 된다)에 초점
을 두어야 한다는 것을 기억해야 합니다.

예) Feb, 2007. Earned the second grade book-keep-ing given by the
Chamber of Commerce and Industry.

(7) Reward and Punishment

교내외 입상 경력을 기재하고, 상벌 사항이 없으면 'None'이라고
적습니다.

예) Mar. 5, 2008.Awarded an excellence prize in the Nationwide
College Student English Speech Contest by the Korea Herald.

(8) References

추천인, 신원 보증인이 될 수 있는 교수·친척·선배 등을 기재하고, 성명·직위·직장·전화번호를 명기합니다. 대개 2명의 추천인을 기재하는 것이 좋고, 기재하기 전에 추천인의 허락을 받아야 합니다.

예) Gil-Dong Hong, English at Instructor YBM Center /

Tel : 02-2225-0003

(9) ETC

'위 내용이 사실과 틀림없음'이라는 표현은 'I hereby certify above statement to be true and correct in every detail' 식으로 기재합니다. 끝으로 October 4, 2009 식으로 작성 연, 월, 일을 적습니다. 그런 다음 자필로 서명하면 영문 이력서가 완성됩니다.

[영문이력서 Sample1]

Kil-Dong Hong
OO. 4F, OO-Dong, OO-Gu, Seoul
Phone: OOO-OOOO-OOOO　E-mail: OOOO@job.com

JOB OBJECTIVE
Senior accountant for a growing multinational firm

SUMMARY OF QUALIFICATIONS
- Excellent mathematical aptitude with strong attention to detail.
- Outstanding analytical and interpretation skills. Strong planning/organizing and problem identification/diagnosis skills.

- In-depth understanding of Korean general business principles and environment. Up-to-date knowledge of American general business principles. Outstanding abilities to identify and tackle critical multicultural business issues.
- Proficient and experienced with spreadsheets (Lotus and Excel), general ledger (Millennium), inventory (ASK MAN MAN) and word processing (MS Word). Skilled in working with MS Office.
- Strongly self-motivated, enthusiastic and profit oriented. Possess flexibility and enjoy working in a fast-paced environment. Outstanding communication and presentation skills; equally effective working independently or collaboratively in a team effort.

PROFESSIONAL EXPERIENCE

Financial Analyst XYZ Co., Seoul, Korea. 2009-2012
- Prepared budget packages, actual results, and analysis of budget variances. Interpreted financial results.
- Presented packages to manager, president of Tokyo office, and controller in the United States. Followed up on corrective action plans.
- Verified consolidated financial statements at subsidiary level and made appropriate journal entries.
- Facilitated initial implementation of ASK MAN MAN and reduced costs by elimination obsolete inventories. Reconciled perpetual inventory to general ledger and analyzed standard cost variances on monthly basis.
- Negotiated and successfully entered into contracts with sub-contractors. Import/Export Coordinator ABC Co., Seoul. 2010~2011
- Coordinated international shipment documentation and import/export-related activities.
- Penetrated a mew apparel market through contract negotiations with new customers and suppliers. Accountant XYZ Inc., Seoul, Korea. 2009~2010
- Maintained journals of daily transactions and prepared income statements and balance sheets.
- Improved efficiency by computerizing financial operations.

EDUCATION

B.S., Accounting, College of Queen, San Francisco, CA
Graduation anticipated: February 2013
GPA: 3.32, GPA in major: 3.52

Marilyn M. Arnold

4500, Ridgewood Road, Memphis, Tennessee, 38116

901-599-0316, OOO@job.com

Objective

To obtain a position that will enable me to utilize my strong organizational skills, educational background, and ability to work well with people.

Experience

Lead Teacher, La Petite Academy, Memphis, TN, June, 2010 - October, 2011

- Plan activities that would stimulate growth in language, social and motor skills.

Overnight Stoking/Sales Associate/Department Manager
Wal-Mart, Memphis, TN, April, 2008 –January, 2009

- Responsible for customer service.
- Ordered merchandise and kept track of inventory.
- Created displays.

Education

Currently, pursing B.S. in Elementary Education (Early Childhood PK-3 emphasis), at the University of Memphis.

Southwest Tennessee Community College, Memphis, TN.
- Graduated February 13, 2011
- Associate of Science Degree
- Grade point Average /4.0
- Earned 80% of tuition by working while carrying a full course load.

SOFTWARE

- Microsoft Office
- Micromedia Director
- Microsoft Word
- Adobe Photoshop
- Paint Shop Pro
- Internet Applications

NETWORK OPERATING SYSTEMS

- Novell
- Windows NT Workstation
- DOS
- Windows NT
- Sco Unix

WORK HISTORY

Information Manager
City Bottling Company
January 2009 to present

- Performed general maintenance and troubleshooting for Windows and DOS
- Experience in working directly with customers and other business's to define their needs
- Leading a team of fifteen other employees
- Responsible for the daily deposits
- Coordination with owners for the purchase of stock

REFERENCES Available upon request

자기소개서

1) 자기소개서 기본구조

성장과정
성격의 장·단점
학창시절 활동사항
지원동기
입사 후 포부

(1) 성장과정

과거부터 현재까지 연대기 순으로 작성합니다. 자기소개서 항목에 '성장과정' 항목이 있는 이유는 간단합니다. 그 무엇보다도 지원자의 성격 및 성향을 파악할 수 있는 중요한 단서이기 때문입니다. 또한 지원자가 얼마나 개성적이고 팀워크에 재능이 있는 인재인지를 아는 근거가 되기도 합니다. 개성과 팀워크는 공존하기 힘든 것처럼 보이지만, 회사에서는 '어쩔 수 없이' 저 두 가지를 모두 요구할 수밖에 없습니다. 그만큼 중요한 부분이기 때문이지요. 그러니 지원자 입장에서는 이 두 가지를 모두 내보이되, 한 가지를 중점적으로 어필할 필요가 있습니다. 경제가 호황일 때는 개성 있는 인재가 각광받지만, 불황일 때는 팀워크가 강한 성실한 인재가 선택받는 경향이 있다는 점을 참고하십시오. 성장배경을 쓸 때는 인사담당자에게 쉽게 공감을 불러일으키거나 단번에 지원자의 특성을 어필할 수 있는 소재를 위주로 해서 쓰는 것이 좋습니다.

(2) 성격의 장·단점

인사담당자의 눈 밖에 나기 싫다는 이유로 단점은 외면하고 장점만 채워 넣으면 바로 휴지통에 버려질 가능성이 큽니다. 어차피 완벽한 인재는 없으며, 단지 합리적인 인재가 있을 뿐이라는 걸 유념하십시오. 장점과 특기는 회사의 특성과 업무에 직결되는 것을 쓰는 것이 좋습니다. 금융업에 지원하면서 본인이 수영을 잘한다는 이야기를 적는 것은 무의미합니다. 투자에 소질이 있다거나, 하다못해

돈을 잘 세는 재주가 있다는 얘기를 해야겠지요. 단점을 쓸 때는 진솔하게 쓰되, 그것에 대한 개선의지를 드러내는 것이 중요합니다. 또한 장점을 드러내는 것은 좋으나 너무 자랑조로 기술하는 것은 감점 요인이 됩니다.

(3) 학창시절 활동사항

'학창시절' 난은 지원자가 어떠한 단체생활을 했으며, 학점관리는 어떻게 했는지를 알아보는 지점입니다. 따라서 교우관계나 교내활동에 너무 치중했다는 뉘앙스도, 학점관리에만 너무 치중했다는 뉘앙스도 보여선 안 됩니다. 인사담당자는 양립할 수 없는 두 가지라도 모두 갖춘 인재를 원하는 '욕심쟁이'라는 사실을 염두에 두시고, '어떻게 하면 인사담당자의 관점에서 더 합리적으로 보일까'를 고민해서 작성하는 것이 중요합니다. 실무에 직결하는 전공과목의 공부에 성실했다는 인상을 주면서, 한편으론 봉사활동 및 동아리활동에서 리더십과 팀워크를 추구하는 인재로서 활약했다는 점을 부각하는 것이 좋습니다. 중요한 것은, 어느 한쪽도 지나치게 과하다는 느낌을 주어서는 안 된다는 것입니다.

(4) 지원동기

회사에 대한 충성심을 확인할 수 있는 부분입니다. 지원동기가 확고한 인재만이 회사에서 오랫동안 성실하게 일한다는 사실을 인사담당자는 알고 있습니다. 앞에서 잘 나가다가 이 '지원동기'에서 무너지면 지원자는 고려대상에서 탈락하고 맙니다. 자신이 이 분야에서 어느 정도의 자신감과 애정이 있으며, 이 회사를 자신의 어떠한 기회로 여기는지 진술하고 자신 있게 어필할 필요가 있습니다. 너무 고전적인 입사이유나 동기는 지양하면서, 자신의 개성과 장점을 동시에 드러낼 수 있는 것을 기술하는 것이 좋습니다.

(5) 입사 후 포부

회사에 대한 충성심을 또 한 번 확인하면서, 지원자의 자신감과 대범함을 측정하는 지표입니다. 이 부분에서는 너무 허황되지 않되, 인사담당자를 납득시킬 수 있는 정도의 장래희망과 포부를 적는 것이 좋습니다. 또한 막연하게 '열심히'나 '성실하게' 따위의 진부한 표현을 연속적으로 늘어놓은 경우가 많은데, 하루에 수백 개의 입사지원서를 확인해야 하는 인사담당자 입장에서는 그야말로 눈엣가시 같은 표현입니다. 뜬구름 잡는 듯한 애매모호한 말을 늘어놓는 것보다는 구체적이고 확고하게 포부를 밝히는 것이 중요합니다.

2) 자기소개서 작성 시 주의사항

(1) 구체적으로 쓴다

'못 쓴 자기소개서'와 '잘 쓴 자기소개서'를 분류하는 한 가지 기준은 모든 미사여구와 추상적인 표현을 제외했을 때, '핵심'만 다룬

내용이 얼마나 되는지 하는 것입니다. 좋은 자기소개서는 즉각적으로 이해가 가능한 핵심 내용들이 많이 수록되어 있지만, 못 쓴 자기소개서는 애매모호한 표현이 많아 인사담당자를 골치 아프게 합니다. 자기소개서의 목적은 '지원자에게 어떠한 경험이 있고, 지원자가 우리 회사에서 무엇을 할 수 있으며, 어떻게 업무에 임할 것인지'에 대한 확증을 보는 것입니다. 따라서 지원자는 이러한 목적에 충실하여 구체적이고 밀도 높은 자기소개서를 쓸 필요가 있습니다.

(2) 개성 넘치는 자기소개서가 눈길을 끈다

자기소개서를 작성하면서 몇 가지 원칙이 있는 것은 사실이지만 모범답안에 '꼭 맞춰서' 작성할 필요는 없습니다. 백 명의 사람이 있으면 백 가지의 성향과 개성을 묵과한 채 기계적으로 쓰는 일이 많습니다. 이런 '재미없는' 자기소개서는 절대로 좋은 점수를 얻지 못합니다. 지금 당장 자신만이 어필할 수 있는 매력과 개성을 떠올려 보십시오. 그리고 거기에 기반을 두어 자기소개서를 쓰십시오. 인사담당자를 깜짝 놀라게 할 만한 자기소개서가 나올 것입니다.

(3) 애사심 및 충성도를 어필한다

아무리 뛰어난 실력이 있다 해도 회사에 대한 애사심과 충성도가 느껴지지 않으면 인사담당자 입장에서는 망설이게 됩니다. 하나의 자기소개서를 가지고 기업의 이름 및 인재상만 바꾸어서 무작위로 배포한다는 인상이 들기 때문입니다. 일단 자기소개서를 작성하기

전에 회사의 사이트에 들어가 최근 동향 및 뉴스를 확인할 필요가 있습니다. 그것을 보며 느낀 점을 자기소개서에서 진솔하게 기술합니다. 그 어떤 지원자보다도 회사에 대한 애착이 뛰어나다는 것을 어필해야 합니다.

(4) 팀워크를 어필하는 동시에 실행 가능 업무를 강조한다

회사들은 공통적으로 팀워크와 실무능력이 있는 인재를 원하고 있습니다. 경제가 악화되고, 채용하는 신입사원의 수가 줄어들수록 회사에 쉽게 적응할 수 있는 현명한 인재를 원하는 것입니다. 회사란 다수가 힘을 합쳐 하나의 성과를 이루어내는 곳이기 때문에 팀워크와 실무능력은 빠질 수 없는 중요한 덕목입니다. 따라서 지원자는 이 점을 분명하게 어필해야만 합니다. 이때, 억지스럽고 고전적인 문장은 지양하며 자신의 경험에 비추어 설득력 있고 명확한 근거를 제시하도록 합니다.

(5) 다시 한번 읽어보고 보완을 한다

좋은 글을 작성하는 가장 근본적이고 기초적인 방법은 글을 계속해서 퇴고하여 하나의 완성본을 만드는 것입니다. 퇴고를 얼마나 하는지에 따라 자기소개서의 질도 천차만별입니다. 그런데 대부분의 지원자들은 이러한 사실을 알면서도 퇴고를 제대로 하지 않아 허술한 채로 제출하는 일이 많습니다. 촉박한 시간 내에 자기소개서를 작성하거나 성실함이 부족할 때 주로 발생하는데, 지원자 입장에서는 자신이 단기간에 쓴 것을 들키지 않을 것이라고 착각을 합니다. 하지만 이미 수많은 자기소개서를 접한 인사담당자는 이 자기소개서가 얼마의 기간에 걸쳐 작성한 것인지 금방 알아차립니다. 충분한 시간을 가지고 자기소개서를 작성해야 한다는 점을 명심하기 바랍니다.

3) 자기소개서 작성 체크포인트

- 어떤 성격의 소유자인가?
- 전공은 무엇이었으며 얼마만큼의 실력을 배양했는가?
- 전공 외에 관심을 두고 있는 것은 무엇인가?
- 업무에 쉽게 적응할 수 있는가?
- 비전을 가지고 있는가?
- 조직과 융화될 수 있는 사람인가?
- 사물을 긍정적으로 바라보는가?
- 소신과 주관이 있는가?
- 사고력이 있는가?
- 창의력이 있는가?
- 개성이 드러나 있는가?
- 꾸밈이나 거짓이 있는가?
- 표현력이 있는가?
- 한국어를 제대로 아는가?
- 자기소개서의 시작이 눈에 띄는가?
- 항목별로 나누어 작성했는가?

- 구체적으로 서술했는가?
- 지원동기와 입사 후 포부는 드러나 있는가?
- 전체적으로 문맥이 자연스러운가?
- 경력이 기술되었는가?

4) 자기소개서 예시

1. 성장과정

대학 1학년, '대학생활 동안 다양한 경험을 해라'리는 선배의 조인으로 학기와 방학을 가리지 않고 알차게 살아왔습니다. 학원 강사부터 뉴질랜드 레스토랑 근무에 이르기까지 기회를 놓치지 않고 최선을 다한 대학생활은 도전과 좌절 그리고 극복의 연속이었습니다. 그렇게 매년 학비와 용돈 모두 스스로 벌고 학업까지 병행하면서 독립심과 할 수 있다는 자신감을 기를 수 있었습니다. 2학년 2학기, 주위 친구들은 자격증과 토익 공부에 매진하고 있을 때 저는 과감하게 세계문화체험단 선발에 지원하였습니다. 높은 영어점수와 자격증보다는 다양한 문화를 접하고 이해하는 것이 더욱 값진 것으로 남을 것이라 생각했기 때문입니다. 또한 홍콩, 프랑스, 인도가 아닌 당시 지진으로 혼란스러웠던 인도네시아를 택한 것도 다신 이러한 의미 있는 경험을 할 수 없을 것이라고 느꼈기 때문입니다. 결국 언어장벽과 종교 차이를 극복하고 여러 번의 신변위험을 이겨내며 3주간의 문화체험과 봉사활동을 마치고 무사히 귀국할 수 있었습니다. '평온한 바다는 결코 유능한 뱃사람을 만들 수 없다'라는 말이 있듯 오히려 저의 고된 노력이 폭풍우가 몰아치는 바다에서도 뱃머리를 돌리지 않는 불굴의 도전정신으로 성장하게 되었습니다.

2. 성격의 장·단점

주변 색에 맞추어 자신을 변화시키는 카멜레온에 저를 비유하고 싶습니다. 어디든 뛰어난 적응력으로 주변사람들과 곧잘 친해지며, 매사 밝고 붙임성이 좋아 그들을 즐겁게 하는 능력을 가졌습니다. '행복병원'이라는 봉사활동을 하면서 저의 이러한 장점은 더욱 빛을 발하게 되었습니다. 매일 병마와 싸우느라 지친 어린 환자와 어르신들에게 먼저 다가가 인사하고 준비해온 공연과 인형극, 마술, 풍선아트, 기타 이벤트 등을 함께하면서 즐거움을 줄 수 있었습니다. 병원 측에서도 탄탄한 구성과 재미를 높게 평가해 주셔서 지속적인 활동을 제안하셨습니다.

뿐만 아니라 매일 다이어리와 일기를 쓸 정도로 꼼꼼하고 계획적인 삶을 사는 것을 좋아합니다. 이는 자신관리와 시간관리 능력을 향상시키는 밑거름이 되었고 지금까지 알차게 하루하루를 보내는 원동력이 되었습니다. 저의 단점은 제가 하던 일을 남에게 잘 맡기지 못한다는 것입니다. 조직 내에서 신뢰가 매우 중요하므로 자칫 상사가 보기에 문제가 될 수도 있습니다. 하지만 주어진 일을 완벽하고 책임감 있게 수행할 수 있는 자질로 개선시키도록 노력하겠습니다.

3. 살면서 중요했던 일

제가 살아오면서 2010년에 다녀온 1년간의 뉴질랜드 어학연수 생활은 평생 잊지 못할 추억으로 남아있습니다. 무작정 학비 300만 원만 들고 떠난 곳에서는 사소한 입맛 차이부터 문화 차이까지 쉽지 않은 생활의 연속이었습니다. 현지 레스토랑에서 생활비를 벌며 학업을 병행하였고 덕분에 힘들던 영어회화도 빠르게 향상시킬 수 있었습니다. 그러던 중 사장님의 개인 사정으로 매장에는 저와 다른 아르바이트생 두 명만 남게 되었습니다. 저는 매장관리 매니저가 되어 직접 새벽시장에서 물건을 사고 주문하며, 새로운 메뉴도 개발하였습니다. 또한 매장분위기 개선을 위해 커튼과 테이블 천을 직접 만들고 냉동시스템 개선도 제안하여 매출을 $800에서 $1,300로 향상시켰습니다. 아르바이트생이 자주 바뀌는 단점을 고려하여 여러 명이 업무를 익히게 하였고 유동적으로 관리하는 방법으로 해결하였습니다. 그때 매장 매니저로서의 소중한 경험은 지금의 저를 이렇게 성실하고 책임감 있는 사람으로 성장하게 만드는 계기가 되었습니다. 그때를 기억하며 다시 저의 능력을 발휘할 기회를 얻고 싶습니다. 남들이 가지지 못한 저만의 특별한 무기로 신세계의 변화를 이끌 수 있는 주도적인 조직원이 되고 싶습니다.

4. 지원동기 및 포부

4학년을 앞두고 진로를 모색하던 중 평소 서비스업에 관심이 있었기에 교내 프로그램 중의 하나인 '○○ 백화점 서비스아카데미' 과정에 참여하게 되었습니다. 서비스교육과 ○○ 백화점 현장실습으로 구성된 10일간의 짧은 시간이었지만, 대학생활에 손에 꼽힐 정도로 많은 것을 얻고 배운 시간이었습니다. 앞으로 유통업 인력이 축소되고 발전이 힘들 것이라는 현자에 계신 분들의 생생한 경험담과 신문, 뉴스기사에도 불구하고 저는 오히려 그곳에서 저의 미래 모습을 볼 수 있었습니다. 좋지 않은 경기로 인해 자칫 축소될 수도 있지만 분명 유통업은 21세기 성장동력을 이끄는 핵심 산업이고 그중에서도 대형 할인마트는 백화점보다 더욱 성장할 것이라고 확신했기 때문입니다.

저는 국내 최고의 할인점인 ○○○에서 No.1 매장관리자가 되고 싶습니다. 소비자와 최접점에서 교류하고 매장 하나 하나를 개선해 나가고 관리해 나가는 서비스 마인드와 리더십, 성실함으로 똘똘 뭉친 저에게 매우 자신 있는 일이라고 생각합니다. <서비스에 'Best'는 없다. 다만 'Better'만이 있을 뿐이다.>라는 말이 있습니다. 고객에게 최고의(Best) 서비스를 드리기보다 더 좋은(Better) 서비스를 드리는 매장 안의 작은 CEO가 되겠습니다.

인성/직무 적성검사

　　인성검사의 주된 목적은 지원자가 회사라는 조직 생활에 어려움 없이 적응할 수 있는지를 판단하기 위함입니다. 이를 위해 정신적인 장애나 성격 장애의 여부를 확인하거나, 해당 기업에서 요구하는 인재상에 부합하는 인재 혹은 해당 직무에 적합한 인재인지를 검증하는 내용이 포함되는 경우도 있습니다. 그러므로 인성검사에 앞서 평소 자신의 모습을 돌아볼 필요가 있으나, 굳이 자신을 지나치게 꾸며 내용을 작성하지 않는 것이 좋습니다. 또한 전반적으로 답변의 신뢰도에 대한 측정 또한 이루어지는데, 이때는 의도적으로 비슷한 내용의 항목을 반복하여 묻습니다. 꾸며진 내용으로 많은 개수의 항목을 계속적으로 답하게 되면 이러한 항목에 각각 다른 성향의 답변을 하는 경우가 발생할 수 있습니다. 이 같은 경우가 반복되면 응시자가 거짓말을 하고 있다고 판단하여, 신뢰도가 낮게 측정될 수 있으므로 주의해야 합니다. 그 외에도 지원분야에 적합한 성향이 무엇인지를 확인하고, 지원한 회사의 인재상을 숙지하는 노력이 필요합니다. 이와 같은 과정을 통해 자신이 가지고 있는 다양한 모습 중 부합하는 면을 찾아 드러내는 것 또한 인성검사에 있어 효과적인 대응법이 될 것입니다.

1) 인성검사의 유형

(1) 주어진 지문에 자신이 그에 해당한다면 Yes에 표기하고 아니면
    No에 표기하는 유형

  SSAT, SK를 비롯한 일반 회사의 인성검사로 문항 수가 많고 중복
되는 문항이 존재합니다. 이렇게 문제를 풀다 중복되는 느낌의 지문
이 있거나 Yes/No로 정확하게 구분하기 어려운 질문이 나오면 문제
지에 표시를 해둔 후 문제지를 역으로 다시 살펴보면서 표시된 문제
를 찾아 일관되게 답을 했는지 확인해 보는 것이 필요합니다. 이러
한 형태의 인성검사는 편한 마음으로 솔직하게 응시하면 됩니다.

(2) 특정한 지문에 '① 전혀 그렇지 않다. ~ ⑤ 매우 그렇다.'
    중에서 자신에게 맞는 것을 고르는 형태

나는 토론을 하면 져 본적이 없다.

① 전혀 그렇지 않다.　② 그렇지 않다.　③ 보통이다.　④ 그렇다.　⑤ 매우 그렇다.

(3) Most, Least를 선택하는 유형

  최근에 가장 많이 나타나는 인성검사의 유형으로 주어진 지문 중
에서 자신과 가장 가까운 것(Most), 그리고 가장 먼 것(Least)을 각각
하나씩 고르는 유형입니다. 지문에 따라 이전 문항에서 Most를 선택

하였지만 다음 문항에서 같은 내용이 Least로 선택될 수도 있어 간단한 인성검사가 아닙니다. 일관성 있게 답을 하되 해당 회사의 인재상에 부합하도록 답변하는 것이 필요합니다.

2) 인성검사 유의사항

(1) 정성껏 시험에 임할 것

시험이 긴 시간 동안 진행되기 때문에 초반에 실시하는 직무능력, 기초능력 검사에 비해 인성검사는 후반에 배치되어 있으므로 집중도가 떨어지기 마련입니다. 이 경우, 인성검사를 소홀히 하는 지원자가 있다면 자신의 실제 모습이 제대로 드러나지 않아, 평가가 좋지 않을 수 있습니다. 따라서 반드시 최선을 다하는 자세가 필요합니다. 많은 수의 문항을 통해, 인성검사는 정신건강을 비롯한 스트레스에 대한 저항력을 점검하고 있으므로 주의하기 바랍니다.

(2) 진실되고 자연스럽게 임할 것

검사지의 지문들은 평소 우리가 접하는 내용에 관한 것들이며 어떤 대상과 일에 대한 선호를 선택하는 지문들로 구성되어 있습니다. 그러므로 본인이 선호하는 대로 솔직하고 자연스럽게 답을 체크해 나가야 합니다. 그렇지 않으면 같은 혹은 유사한 질문에 다른 답변을 하게 되어 Lie Scale에 걸려들게 됩니다.

(3) 일관성 있게 답할 것

진실되게 작성하면 일관성이 저절로 생기게 됩니다. 유의할 것은 지문의 내용들이 반드시 자신과 일치하는 것은 아니기 때문에 유사한 내용의 지문에 대해서는 신중히 답변해야 한다는 점입니다.

(4) 각 질문에 너무 골똘히 생각하거나 오랜 시간을 보내지 말 것

한 질문에 긴 시간을 소모하게 되면 시간이 부족해짐은 물론, 한 질문에 지나치게 오래 생각하거나 골똘히 생각하면 자신의 성향 및 인격에 왜곡을 가져올 수 있습니다.

(5) 검사 전 무리한 활동은 삼갈 것

충분한 수면이 집중도를 높여 좋은 결과를 가져올 수 있습니다. 절대로 검사 전날 음주나 지나친 운동 등을 해서는 안 됩니다.

(6) 반드시 사전에 모의 검사를 받아볼 것

최근 들어 각 학교의 취업 지원실 등에서 시행기관에 의뢰하여 무료 검사를 해주고 있으니 반드시 신청하여 미리 검사를 한 번 받아볼 것을 권장합니다.

3) 직무적성검사 평가항목

기존의 서류전형에서 확인할 수 있는 출신학교, 학점, 전공, 외국어 성적, 성별, 나이, 출신 지역 등이 지원자들의 역량을 드러내기에 한계가 있음을 인지한 회사에서는, 소위 말하는 '스펙'의 요인이 부족하지만 자질과 역량이 뛰어난 인재를 놓치지 않기 위해 노력해왔습니다. 개선안의 하나로 회사는, 서류전형의 진입장벽을 대폭 낮추어 다양한 역량의 지원자가 유입될 수 있도록 하되 이들을 회사의 기준에 따라 다시 평가할 수 있는 방법을 찾게 된 것입니다.

이와 같이 직무적성검사는 현재의 능력 혹은 구체적인 능력을 가지고 있는 인재는 물론, 잠재적인 우수성과 자질을 가진 인재를 채용하는 데 활용되고 있습니다. 회사마다 우수한 인재를 채용하려는 의지가 강해지면서, 채용프로세스는 점차적으로 구조화(Structured)되는 추세입니다. 구조화된 채용에서는 각 전형이 독립적인 평가 기준을 가지며, 그것을 충족시키지 못한다면 다음 전형에 임할 수 없습니다. 특히, 직무적성검사는 면접의 전 단계에 해당하여 면접 대상자를 선발하는 중요한 전형입니다. 일부 검사 결과는 면접에서 정보를 제공해주는 역할도 하고 있습니다. 일부 회사에서는 입사 이후 적절한 부서에 배치하기 위한 자료로도 활용이 되고 있습니다.

평가 항목은 각 회사의 특성에 따라 조금씩 다르지만, 대체로 다음과 같은 요인들을 검증하는 데 목적을 두고 있습니다.

구분	평가요소	평가내용
직무능력검사	언어능력	비즈니스에서 반드시 필요한 원활한 의사소통 능력
	수리능력	업무 처리를 위한 기본적인 연산 능력과 다양한 데이터를 분석할 수 있는 능력
	추리능력	업무를 수행하는 데 필요한 논리적 사고 능력
	공간지각능력	사물을 인지하는 순발력과 인지 능력 그리고 오류 판별 능력
	창의력	문제를 보다 효과적으로 해결할 수 있는 창의적인 능력
	판단력	급변하는 비즈니스 환경에서 부딪치게 되는 문제들에 대응하는 능력
	기계이해력	특정 직무에 필요한 전공 및 실무 능력
	상식능력	원활한 조직 생활과 비즈니스를 수행하기 위한 기본적인 기초 상식 능력

4) 직무적성검사 출제유형

직무적성검사를 실시하는 회사는 대표적으로 삼성, SK, 두산, STX 등을 들 수 있습니다. 최근 대부분의 대기업들은 직무적성검사를 도입해 실시하고 있으며, 회사의 특성에 따라 실시하는 영역 및 형식의 차이가 있으므로 지원하는 회사의 내용을 충분히 숙지할 필요가 있습니다. 그러나 직무적성검사의 특성상, 기업 간에 공통으로 다루는 내용이 높은 출제 비중을 차지하므로 앞서 밝힌 삼성, SK, 두산, STX 등 대표 회사의 직무적성검사 유형을 파악해 두면 회사별 직무적성검사를 효율적으로 준비할 수 있습니다. 다음은 회사에서 실시하고 있는 직무적성검사의 대표적인 출제 유형을 분석한 내용입니다.

(1) 언어능력

- 어휘력: 한자(사자성어 등), 단어 사이의 관계, 문맥상 적절한 어휘 등 일상 생활에서 사용하는 용어의 이해와 사용하는 능력을 평가하는 문제들이 출제됩니다.
- 언어논리: 지문의 논리구조를 분석, 순서 없이 나열된 지문의 논리적 배치, 지문이 완결성을 가지도록 빈칸 채우기 등 주어진 지문의 전개방식을 파악하여 문장들의 성격이나 논리적인 관계를 분석하는 유형입니다.
- 판단력: 여러 가지 문제들에 대한 대응하는 능력을 평가하는 유형으로, 주어진 두 문장과 논리적으로 관계가 같은 보기를 선택하는 문제 유형과 서식, 표 그리고 글쓰기에 필요한 개요의 빈칸을 채워 완성하는 유형의 문제들이 출제됩니다.
- 독해: 주어진 본문을 읽고 제시되는 세부 문제를 풀이하는 유형으로 지문의 내용은 경제, 정치 그리고 사회 등 매우 광범위하며 베스트셀러 서적의 일부 내용이 인용되어 출제되기도 합니다. 본문을 읽기 전에 문제의 지문과 보기를 보고 난 뒤 우선순위를 푸는 것이 유리하며, 속독 능력을 기본적으로 갖추어야 합니다. 낯선 유형이 아니므로 시간배분만 잘한다면 충분히 해결할 수 있는 유형이지만 지문이 길고 문제 수가 많기 때문에 고득점을 위해서는 전략적으로 접근해야 합니다. 특히 독해는 신속한 업무처리를 위한 평가 기준이 될 수 있으므로 이 점에 유의해야 합니다.

(2) 수리능력

- 두 수 혹은 두 식의 대소판별: 다양한 연산으로 주어진 A와 B의 값을 유추한 뒤 A와 B를 비교하는 유형으로 정수, 대수, 기하 그리고 확률 등 다양한 범위의 문제가 출제됩니다. 풀이를 위해서는 기본적인 계산 능력과 수학공식 그리고 수학적 원리에 대한 선수지식이 필요한 유형입니다.
- 자료해석: 직무에 활용할 수 있는 다양한 내용의 데이터, 그래프가 주어지고 그 데이터를 분석하여 원하는 값을 찾아내는 계산 유형이나, 자료에 대한 분명한 이해를 평가하는 유형이 출제됩니다.
- 응용계산: 단항식, 다항식 및 연립방정식을 이용한 기본 계산 문제로 시간, 작업량, 거리, 속도, 농도 등 다양한 기초 공학적 지식을 묻는 문제 유형이 출제됩니다.

(3) 추리능력

- 수추리: 숫자, 알파벳, 한글의 모음이나 자음이 배열된 규칙을 찾는 문제 유형입니다.
- 도형추리 및 추론: 도형이 특정기호를 거쳐서 달라지는 변화상을 보여주고 그 기호의 규칙을 찾는 도형추리, 3행3열 위치로 배치된 도형들 속에서 규칙을 찾아 나머지 빈칸에 들어갈 도형을 찾는 귀납추론, 문자나 숫자가 기호를 지나면서 변화하는 과정에서 기호의 규칙을 찾거나 결과값을 찾는 도식추론 등의

문제들이 출제됩니다.

- 언어추리: 사람이나 사물에 제시된 조건에 의해서 배치하는 문제 유형과 전제된 사실 조건을 근거로 주어진 문장 내용의 참/거짓/알 수 없음을 선택하는 명제 유형의 문제가 출제됩니다.

(4) 공간지각능력

일반적으로 출제되는 공간지각의 유형은 회사마다 출제되는 방식이 천차만별로 다양하나, 그중에서도 가장 많이 활용되는 형태는 전개도입니다. 다양한 형태로 제시된 전개도를 확인하고 이것으로 동일하게 만들 수 있는 입체도형을 찾거나, 제시된 입체도형을 만들 수 있는 전개도를 찾는 유형입니다. 이 밖에도 종이를 지시대로 접은 후 특정 부분에 구멍을 뚫어 펼쳤을 때의 모양을 고르는 펀칭, 주어진 블록이 통과할 수 있는 형태를 찾는 공간활용, 큐브를 지시대로 회전시켜 특정 단면을 자른 후 적합한 모양을 찾는 유형과 두 개의 원판을 각기 다른 지시대로 회전시킨 후 특정 위치에서 확인할 수 있는 이미지를 찾는 유형 등 다양한 형태로 출제됩니다.

특히 공간지각능력의 경우 직관적인 판단으로 풀이해야 하는 형태가 많은 편이지만, 기존에 출제되고 있는 유형을 사전에 파악하고 그에 맞춘 접근법의 학습을 통해 준비가 가능하므로, 학습의 마무리 시기에 해당 회사에 맞춰 준비하는 것이 효율적이라고 할 수 있습니다.

(5) 상식능력

- 일반상식: 시사 혹은 시사와 관련된 용어 등 사회 전반에 대한 관심도 및 다방면의 지식을 평가하는 유형으로 IT용어, 어휘, 심리, 의학, 영화, 음악, 스포츠, 환경, 역사, 정치 그리고 사회 등 매우 다양한 분야의 내용들이 출제됩니다. 출제 범위가 넓은 만큼 학습량 및 관심도가 요구되므로, 꾸준한 준비가 필요합니다. 평소에 독서 및 신문 정독하는 습관을 통해 준비하기 바랍니다.

- 경영, 경제, 마케팅: 경영, 경제, 마케팅과 관련된 지식이나 상식을 최근 시사와 연결 지어 묻는 문제가 주로 출제되며 환율, 주가, 이자, 소득 그리고 무역 등 미시경제와 거시경제 분야까지 광범위하게 출제됩니다. 주로 인문·상경계 지원자의 전공 상식을 평가하기 위한 문제로 구성되나, 회사에 따라서는 전 계열의 지원자를 대상으로 하는 기본 개념의 문제도 출제되고 있습니다.

- 과학, 공학: 물리 분야인 역학·광학·전자기학을 포함하여 화학, 그리고 지구과학 관련된 과학, 공학 등의 이공계 지원자의 전공지식을 평가하기 위해 이러한 개념을 확인할 수 있는 현상 등을 예로 하여 출제됩니다. 전공을 성실히 학습한 이공계 지원자라면 해결할 수 있는 핵심 개념을 묻는 문제로 구성되나, 회사에 따라서는 전 계열의 지원자를 대상으로 하는 기본 개념의 문제도 출제되고 있습니다.

(6) 기타

- 기계이해력: 도르래, 기어 및 간단한 구조물과 같이 기본적인 기계원리의 이해와 장치들에 원리를 이용하는 능력을 평가합니다. 이 유형은 고등학교 수준의 물리적 개념을 포함하여 열, 유체, 고체 역학 등 기본적인 역학과 기구학, 기계요소설계, 동역학 등 엔지니어가 알아야 하는 기본적 공학적 개념에 대한 문제들이 출제됩니다.
- 창의력: 제시된 그림을 보고 어색하거나 틀린 내용 또는 용도, 상황을 설명하는 문제 유형이 제시됩니다. 다른 영역과 달리 보기가 없이 주관식으로 작성하는 특성을 가지고 있으며, 명확한 정답이 있다고 보기 어렵습니다. 따라서 정확한 답 하나를 찾으려 하기보다는 키워드 중심의 다양한 의견을 작성하는 것이 출제 의도에 부합하는 답변이 될 것입니다.

면접

면접은 대부분의 회사에서 가장 마지막 단계로 실시하는 전형입니다. 서류만으로 평가하던 이전 전형들과 달리 지원자를 실제로 대면하여 진행하므로, 상대적으로 많은 비용과 시간이 투자되기 때문에 각 회사에서는 나름의 프로세스를 통해 적정 규모의 인원을 선발하여 면접 대상을 정합니다. 면접은 서류 및 필기전형을 통해 수집된 정보에 거짓은 없는지, 우수한 성적을 가지고 있지만 그릇된 가치관을 갖고 있거나, 대인관계가 원만하지 않고 성격상의 결함이 있는 등 조직에 적합하지 않은 지원자들의 유입을 막기 위해 검증하는 단계이기도 합니다.

기본적으로는 대화와 질의응답을 통해 지원자가 가지고 있는 인성이 어떤지, 발전가능성이 있는지에 대해 평가하며, 지원자의 종합적인 능력을 체크합니다. 특히 직무 분야에 대한 관심도를 비롯하여 업무에 대한 이해도 및 적성을 확인하고 있으므로 이에 대한 준비는 반드시 필요합니다.

그 외에도 직무에 따라서는, 알고 있는 지식을 알맞게 표현하며, 타인과의 대화를 원활하게 잘 이끌어 나갈 수 있는 커뮤니케이션 스킬 또한 중요한 평가 항목이 됩니다. 면접은 회사가 원하는 최적의 인재를 선발하기 위해 기업별·시기별로 조금씩 다르게 진행되고 있으나, 그 목적은 회사가 추구하는 핵심가치와 비전에 부합하고, 나아가 회사가 필요로 하는 능력을 갖춘 최적의 인재, 회사의 경영 환경 변화에 유연하게 대응할 수 있는 인재를 선발하기 위함이므로 지원자는 이에 맞춘 철저한 준비가 필요합니다.

1) 면접 시 주의사항

(1) 대기실에서도 최선을 다한다

인사담당자가 면접방식에 대해 이야기할 때는 열심히 경청한 뒤, 의문가는 사항이 있으면 질문을 통해 확인합니다. 대기하는 동안에는 그 절차에 따라 머릿속에 그려 보면서 차분히 정리를 합니다. 한편, 인사담당자의 78%는 면접 대기 태도도 평가항목에 포함된다고 답변했으며 인사담당자가 말하는 긍정적·부정적인 대기 태도는 다음과 같습니다.

면접 대기 중 가장 긍정적인 인상을 주는 지원자의 행동	
회사 홍보물 열람	39.7%
담당자에게 회사나 면접에 대해 질문한다.	20.6%
조용히 자기 순서를 기다린다.	19.1%
책 또는 신문이나 메모를 본다.	10.3%

면접 대기 중 삼가야 할 행동

졸거나 잔다.   32.4%
음식물을 먹거나 껌을 씹는다.   20.6%
전화를 하거나 문자메시지를 보낸다.   17.6%

(2) 6초면 첫인상이 결정

최초로 입실하고 나서 착석할 때까지의 시간이 모든 걸 판정한다는 말이 있을 정도로 첫인상 관리가 매우 중요합니다. 단정한 외모, 자신감 있는 행동, 밝고 명랑한 표정, 예의를 갖추도록 노력합니다.

(3) 충분한 자기소개 연습은 필수

면접에서 빼놓지 않고 나오는 단골 질문이 바로 '자기소개'입니다. 자기소개는 보통 1분에서 3분 정도의 제한된 시간에 자유롭게 대답해야 하는 경우가 많기 때문에 어지간한 준비 없이는 대부분 당황하기 십상입니다. 따라서 반드시 면접 전에 자기소개 연습을 확실히 해두는 것이 중요합니다.

(4) 대답은 논리 정연하면서도 설득력 있게

질문이 끝나면 잠깐 여유를 가지고 생각을 정리한 후 말하고자 하는 의도가 명확하게 전달될 수 있도록 논리정연하고 설득력 있게 자신감을 갖고 대답합니다. 이때 회사문화나 인재상과 연관시켜 답변하면 더 좋습니다. 재치 있는 유머를 섞는 것은 좋으나 오버하면 안됩니다. 또한 모르는 질문을 받았을 때 애써 아는 체하거나 변명을 늘어놓는 것은 절대 금물입니다.

(5) 직무 관련 능력은 실제 사례를 들어 확실하게 표현

직무와 관련된 질문을 받았을 때는 그 분야에서 어떠한 일을 했는지 실제 사례를 들어 설명하거나 해당 분야에서 특별히 자신이 성취해낸 일들을 덧붙여 설명하는 것이 좋습니다. 이때 적절한 용어를 사용해 상대가 알기 쉽게 말해야 합니다.

(6) 약점을 강점으로

'영어실력이 부족하다'는 등의 자신의 부족한 점을 지적하는 질문이라도 위축되지 말고 구체적인 보완책을 설득력 있게 제시해 앞으로의 가능성을 보여줍니다. 이미 서류전형에서 검토한 내용을 질문하는 것은 면접관의 의도가 다른 데 있기 때문입니다.

(7) 외국인과 면접 시 반드시 정중한 언어 사용

외국어라고 해서 경어가 없는 것은 아닙니다. 자연스러운 외국어를 구사하고 있다는 착각 속에서 '속어'를 사용하지 않도록 주의해야 합니다. 정중한 언어를 사용하기 위해 준비를 철저히 해야 합니다. 또 장황하게 이야기를 늘어놓을 필요는 없지만 가능하면 답변은 구체적인 것이 좋습니다.

(8) 못된 버릇이 입사를 방해

불필요한 말, 불분명한 어휘를 사용하지 말고, 손발을 까딱거리거나 떠는 행위, 불안하게 두리번거리는 행동을 하지 않습니다.

(9) 시선은 항상 정면을

다른 학생이 대답할 때나 본인이 대답할 때는 시선을 불안하게 왔다 갔다 하지 말고, 면접관의 눈이나 입을 응시하도록 합니다.

(10) 뒷모습도 평가

면접관으로부터 나가도 좋다는 말을 듣자마자 해방감에 순간적으로 태도를 흐트러뜨리거나 안 좋은 모습을 보이는 경우가 있는데, 엄청난 감점요인입니다. 모든 면접은 면접장을 나설 때까지 계속 된다는 사실을 유념하시길 바랍니다.

『꼭! 기억해야 할 성공면접 TIP』
✓ 질문을 들으면 한 템포 쉬고 답한다!
✓ 말을 더듬거나 빠르게 하지 않도록 유의한다!
✓ 시선은 늘 면접관 쪽에 고정하고 산만하다는 인상을 주지 않도록 유의한다!

✓ 가벼운 미소나 웃음을 띠고 여유 있어 보인다는 느낌을 주도록
한다!
✓ 다른 지원자의 면접 내용을 필히 경청한다!

2) 면접의 기본 진행구조 및 체크포인트

(1) 대기

- 30분 또는 한 시간 전에 도착하는 여유를 갖습니다.
- 불특정 연장자를 만났을 때 가벼운 목례를 합니다.
- 침착한 모습을 갖습니다.
  [TIP] 너무 침착한 모습이 차갑게 비칠 수 있으니 대기 시에도
  입꼬리는 약간 올리고 대기하는 것이 좋습니다.
- 실내에서는 금연합니다.
- 대기실을 잠시 떠나야 할 경우에는 진행요원에게 양해를 구합
  니다.
- 일찍 도착해서 회사의 분위기를 파악해 두면 대기 시 긴장이
  덜 됩니다.

(2) 호명 & 입실

- 문을 열고 가볍게 인사합니다. (첫 만남이 성패를 좌우)
- 의자의 옆에 가서 정식인사를 합니다. (인사 방법 충분히 체득)
- 자기소개는 그 방의 분위기에 알맞은 톤으로 합니다.
- 의자에 앉을 때의 자세
    * 남성－다리는 어깨 너비만큼 벌리고 앉습니다.
    * 여성－무릎과 다리는 나란히 붙입니다. (다리가 긴 경우엔 약간 비스듬히)
    [TIP] 이때 뒤의 자리를 확인하고, 여성의 경우는 스커트를 오른손(왼손)으로 쓸어 내리면서 조심히 앉습니다.
- 불필요한 행동은 하지 않습니다.
- 면접관을 응시하되 시선관리를 잘합니다.
- 책상 위의 서류를 자꾸 보려고 하지 않습니다.
- 면접 중 다른 사람이 들어왔을 때 일어서지 않습니다.

(3) 질의 및 응답

- 침착하게 한 번에 답변합니다.
- 난처한 질문에도 유연하게 대처합니다.
- 자신감을 보입니다.
- 유도심문에 당황하지 말고 원래 준비해 간 대로 답변하면 됩니다.
- 질문이 있냐고 하면 기회라고 생각하고, 적절한 질문을 합니다.

(4) 퇴실

- "이제 나가셔도 됩니다"라고 한 뒤에 자리에서 일어납니다.
- 일어나 바로 나가지 말고, 공손히 인사를 한 뒤 자기가 앉아 있던 의자를 삐뚤어지지 않았는지 확인하고, 약간이라도 삐뚤어졌다면 자리를 바로 해 놓고 나갑니다.
- 문을 닫기 전에 다시 한번 가벼운 목례를 하고 살짝 문을 닫습니다.
- 문을 닫고 나서 건물 밖을 나갈 때까지 조용하고, 침착하게 대처합니다.

3) 면접관의 판단사항

(1) 전반적인 인상과 성격 파악

눈 → 입 → 아래턱(얼굴 중심의 움직이는 부분) 순으로 보고 얼굴 전체에서 받는 느낌을 종합하여 판단합니다.

- 눈은 뚜렷하나 입에 인정미가 없는 사람 → 명랑하나 사생활에 짜임새가 없음
- 눈과 입과 턱의 균형이 잡혀 있는 사람 → 원만한 성격

(2) 말에 의한 판단

말하는 것을 보면 품위와 기상을 알 수 있습니다.

- 말이 또박또박 하면서 음성이 둥글고 부드러운 맛이 있다 → 침착, 안정
- 음성이 깨지거나 탁하다 → 기력이 약하다.
- 빠르게 말한다 → 성급하고 생각의 폭이 좁다.
- 말의 흐름이 일정하다 → 정직하다.
- 조근조근하게 말한다 → 추진력이 없다.
- 말투가 충동적이다 → 반항적이며 자기 멋대로다.
- 밀을 너듬는다 → 마음이 초조하고 조그마한 일에도 쉽게 흔들린다.

(3) 걸음걸이에 의한 판단

- 바른 자세로 점잖게 앉는다 → 마음이 크고 안정적이다.
- 어수선하게 걷는다 → 안정감, 자신감이 없다.
- 뒤꿈치가 땅에 닿지 않는다 → 침착성이 부족하고 발전성이 없다.

(4) 앉은 자세에 의한 판단

- 앉은 자세가 묵직하다 → 마음이 소박하다.
- 뒤에 기대지 않고 약간 앞으로 나와 앉는다 → 적극적인 성격의 소유자다.

- 앞으로 구부리고 웅크려 앉는다 → 확고한 신념이 없다.
- 앉아서 시종 손을 흔든다 → 신경질적이고 불안정하다.
- 다리를 꼬고 앉아 발을 움직인다 → 참을성이 부족하다.

(5) 버릇에 의한 판단

- 면접관을 대할 때 얼굴을 옆으로 외면한다 → 자신감과 신뢰성이 부족하다.
- 눈을 자주 깜박거린다 → 성미가 급하다.
- 눈을 감고 말한다 → 진실을 말하지 않는다.
- 손으로 여러 가지 제스처를 쓴다 → 적극적으로 보일 수도 있으나 때에 따라 면접관을 가르치는 듯한 느낌을 준다.

(6) 태도·예의

지원자는 면접 내내 자신감 있고 시원한 목소리, 예의 바른 태도와 밝은 성격 등을 면접관에게 내보여야 합니다. 면접관은 이를 통해 지원자가 원만한 회사생활을 하기에 적합한 인물인지를 판단합니다. 따라서 태도와 예의를 차리는 것은 면접에 있어서 거의 1순위에 해당하는 아주 중요한 조건입니다.

- 예의가 바른가?
- 침착하고 차분한가?
- 활발한 성격인가?
- 말투가 밝고 시원한가?

(7) 인품 · 성실함

신뢰할 수 없는 사람은 회사의 조직력을 파괴하고, 일의 능력을 떨어뜨립니다. 따라서 회사는 그러한 기미가 보이는 인물들을 채용 때부터 경계합니다. 대체로 정직하지 못하고 매사에 건성이며 비관적인 지원자는 신뢰할 수 없는 인물로 낙인 찍히기 쉽습니다.

- 성실함, 진지함이 있는가?
- 솔직한가, 인품이 좋은가?
- 비뚤어진 점은 없는가?
- 신뢰할 수 있는 인물인가?

(8) 협조성(팀워크)

협조성, 즉 팀워크는 모든 회사에서 요구하는 공통적인 조건입니다. 회사는 누구 한 사람의 소유가 아니라, 공동으로 이끌어나가는 것입니다. 더욱이 경제 불황에 시달리는 요즘 같은 시기에는 이 협조성이 매우 중요한 덕목으로 작용합니다. 일을 원활하고 성공적으로 이끌기 위해서는 타인과 결합하고 협조하는 태도를 보이는 것이 중요하기 때문입니다. 이런 면에서 볼 때, 자기 의견만 말하기 좋아하고 남을 쉽게 무시하는 지원자는 단번에 탈락 대상이 됩니다.

(9) 열의 · 의욕

　모든 걸 다 갖췄지만 정작 해야겠다는 의지가 없는 지원자는 결국 들어올 필요가 없는 '비어 있는' 인재입니다. 반면, 조금 부족한 부분이 있어도 회사에서 어떠한 것을 이루고 싶다는 열의와 어떠한 인재로 자리 잡고 싶다는 의욕이 넘치는 인재는 면접관 입장에서 매우 긍정적으로 보입니다. 여기서 중요한 것은 '열정만 넘치는 바보'로 보이지 말아야 한다는 것입니다. 때로는 이성적으로 자신을 낮출 줄도 알아야 합니다. 현명하면서도 열정이 넘치는 인재가 진정으로 기업이 원하는 인재입니다.

(10) 이해력 · 판단력

　회사는 일련의 공정처럼 일의 처리과정이 조직적이고 단계적입니다. 한 사람이라도 자신의 임무를 다 하지 못했을 때는, 부품이 누락된 것처럼 불안정한 결과물을 도출하게 됩니다. 처음 입사하는 말단 신입사원은 대체로 이 모든 공정의 시작에 존재합니다. 아주 사소하고 아주 근본적인 일을 시작하는 것입니다. 그런데 이 사원이 일에 대한 이해와 판단이 부족해서 제대로 처리하지 못한다면, 그 이후의 일은 엉망진창이 됩니다. 회사는 이런 일을 미연에 방지하기 위해, 면접 때 지원자의 이해나 판단을 테스트하는 질문을 종종 합니다. 때로는 돌발질문의 형태로 던지기도 하고, 전공질문의 형태로 던지기도 합니다. 아주 어려운 말을 하면서 복잡하게 질문을 건네는 경우도 있는데, 지원자는 당황하지 말고 일단 머릿속에서 면접관의 말을 정리해서 이해한 뒤 대답을 할 필요가 있습니다.

(11) 커뮤니케이션 능력

　회사에서 중요한 일 중의 하나가 업무보고입니다. 회의 중에 프레젠테이션을 만들어서 발표하는 경우도 있고, 간단하게 구두로 하는 경우도 있습니다. 중요한 건 그것이 어떤 형태를 띠고 있건 간에 정확하게 업무보고를 하는 것이 회사 업무에 있어서 매우 필수적이라는 것입니다. 따라서 면접관은 지원자의 표현력과 언어능력을 확인하는 질문을 이따금씩 던집니다. 대표적인 예가 '어렸을 때 기억에 남는 일은?' 등의 과거 회상 질문인데, 대개는 면접관의 의도를 파악하지 못하고 상투적인 답변을 하고 나오는 경우가 많습니다. 면접관은 표현력이 풍부한 재치 있는 인재를 원하고 있으며, 모든 지원자는 이 사실을 염두에 두고 답변할 필요가 있습니다.

(12) 충성도

- 일할 목적이 확실한가?
- 어떤 이유로 회사를 지망했는가?
- 회사에 들어와서 어떤 일을 하고 싶다고 생각하고 있는가?
- 장래에 무엇이 되고 싶은가?

　충성도는 모든 사원들에 있어서 빠질 수 없는 덕목입니다. '나는 이 회사를 위해 최선을 다하겠다'는 충성도가 없는 사원은 일을 불성실하게 하거나 회사의 단체모임에 좀처럼 참여하지 않으려 하고, 훗날 쉽게 다른 회사로 이직해버릴 확률도 있습니다. 회사에서는 지원자의 충성도를 테스트하는 질문을 꼭 두어 개씩 하는데, 이때 너무 틀에 박힌 경직된 답변보다는 진솔하게 충성도를 드러내는 답변을 하는 것이 좋습니다.

(13) 업무별 적성

직종·직무별로 해당하는 적성에 관한 것입니다. 성실하고 준비된 데다 적성까지 갖춘 인재라면 회사의 입장에선 금상첨화일 것입니다. 이 부분은 입사전형에서의 인적성검사를 토대로, 면접 현장에서 질문으로 재차 확인하는 경우도 있습니다.

(14) 전문지식과 실무능력

단순한 지식의 보유를 넘어서 해당 산업과 직종에 응용 가능한 지식과 실무 역량을 갖추었는지를 평가합니다. 흔히 '전공면접'이니 '기술면접'이니 하는 것들이 바로 이런 전문지식을 확인하기 위한 것입니다. 최근 들어 실무능력이 높은 인재를 발탁하는 회사가 많아졌습니다. 회사업무에 바로 투입되어도 부족하지 않을 정도의 '경력자 같은 신입사원'을 원하는 풍토가 된 것입니다. 인턴경험이나 관련 업계 경력이 있다면 있는 그대로 드러내고, 없다면 전문지식을 많이 습득하여 면접관이 만족할 만한 정답을 말하는 것이 좋습니다.

(15) 창의력, 호기심, 발전 가능성 등의 잠재역량

창의력은 현재와 미래를 아우르는 모든 인류의 중요한 덕목입니다. 하지만 주입식 교육과 천편일률적인 생활습관으로 인해 자신의 창의력을 자신 있게 드러내는 사람은 생각보다 많지 않습니다. 면접 역시 이러한 현상의 연장선상에 있습니다. 그런 만큼 '창의력'은 면접에서 매우 큰 변수로 작용합니다. 호기심이나 발전가능성도 모두 마찬가지입니다. 면접관들은 이러한 것들을 통틀어 '잠재역량'이라 평가하며, 잠재역량이 뛰어난 지원자는 입사한 뒤에도 회사에서 블루칩으로 활약하는 경우가 많습니다.

(16) 퇴장하는 태도에 의한 판단

- 일찍 나가려고 서두른다 → 조급하고 소심하다.
- 퇴장하면서 의자나 문을 걷어차거나 부딪친다 → 불안정하다.

4) 면접 시 예절

떨리는 마음은 얼굴에 그대로 나타납니다. 면접관은 얼굴 표정 하나만 보더라도 자신감 있는 사람인가, 아닌가를 금방 알 수 있습니다.

(1) 표정 이미지의 중요성

- 표정은 첫인상을 결정짓는 가장 큰 요소입니다.
- 첫인상은 짧은 시간에 결정됩니다.
- 표정은 전염성이 큽니다. (그러므로 입실해서 면접관의 굳은

표정에 동요하지 말 것)
- 표정은 상대를 밝게 만드는 또 하나의 힘입니다.

(2) 면접에서 성공하는 표정

[시선]
- 자연스럽고 부드럽게 면접관의 눈을 봅니다.
- 눈동자는 항상 중앙에 위치하도록 합니다.
- 면접관과 눈높이를 맞추어 이야기합니다.

[미소]
- 입꼬리가 올라가게 합니다. (말할 때, 인사할 때 등)
- 입은 가볍게 다뭅니다.
- 시종일관 밝은 표정이 되게 합니다.

[면접 시 절대로 하지 말아야 하는 표정]
- 치켜뜨는 시선, 아래로 내려 보는 시선
- 곁눈질
- 한 곳만 응시하는 시선
- 비웃음
- 크게 소리 내어 웃는 웃음
- 다른 곳을 보며 웃는 웃음

5) 면접 시 복장

(1) 상·하의 및 헤어스타일

면접 당일의 복장은 남·녀 모두 짙은 색의 정장에 밝은 색 셔츠를 입는 것이 좋습니다. 단색이 너무 단조롭게 보인다면 화려하지 않은 스트라이프 정장을 입는 것도 무관합니다.

남성 지원자의 경우 흰색 셔츠를 착용하는 것이 무난하나, 푸른색이나 베이지색 셔츠도 최근 들어 인기가 좋습니다. 넥타이는 양복 및 셔츠 색과 조화를 이뤄야 하며 벨트의 버클을 살짝 가리는 정도의 길이가 적당합니다. 머리모양은 약간 짧은 듯한 길이가 좋으며 면접 보기 2~3일 전에 이발을 하는 것이 좋습니다.

여성 지원자의 경우 투피스 치마 정장을 기본으로 하되 바지 정장도 크게 상관은 없습니다. 짙은 회색이나 검은색, 베이지색, 갈색 등은 면접관에게 좋은 인상을 줄 수 있는 대표적인 색상입니다. 핸드백, 구두, 스타킹 등은 정장과 비슷한 색조로 준비하는 것이 좋으며 특히 구두의 경우 굽이 높으면 불안한 인상을 심어줄 수 있으므로 삼가야 합니다. 머리모양은 전체적으로 깔끔한 스타일을 유지하며, 긴 머리의 경우는 뒤로 묶는 것이 단정해 보입니다.

(2) 메이크업 및 향수

면접은 회사와의 공식적인(formal) 첫 만남이기 때문에 어느 정도의 몸단장이 필요합니다. 남성의 경우에는 머리를 단정하게 자르고 가볍게 왁스를 발라 정리하는 정도면 충분합니다.

여성의 경우에는 약간의 메이크업을 하는 게 예의 바르게 보입니다. 물론 지나치게 화려하거나 번잡해 보이는 메이크업과 액세서리는 피하는 것이 좋습니다.

최근에는 적절한 향수로 자신의 매력을 발산하는 지원자도 많아졌습니다. 다만, 향이 너무 강해서 면접관의 눈살을 찌푸리게 만들 정도의 향수는 차라리 사용하지 않는 것이 낫습니다. 또한 독한 느낌의 향수는 품위 있는 직업인의 이미지와는 거리가 있어 보입니다.

(3) 구두와 가방, 스타킹

남성 지원자는 검은색이나 짙은 갈색구두가 적당합니다. 다소 단신인 지원자는 키 높이 구두를 통해 커보이게 하는 센스도 나쁘진 않습니다. 굽이 너무 닳지는 않았는지 확인하고 되도록 캐주얼 구두는 피하도록 합니다.

여성 지원자의 경우, 핸드백과 구두의 색상이 일체감을 이룬다면 더할 나위 없겠지만 다르다 하더라도 정장에 어울리는 것으로 선택하면 됩니다. 구두를 항상 깨끗하게 유지하고 굽이 너무 높거나 뾰족한 것은 피합니다. 핸드백은 필요 이상으로 크거나 작지 않는 것이 좋습니다. 스타킹은 자연스러운 살색이 적당하며, 컬러스타킹이나 망사스타킹은 피합니다.

(4) 세일즈맨, "깔끔한 모습에 환한 웃음"

세일즈는 밝고 깔끔한 이미지를 어필하는 것이 중요한 업종입니다. 물건이든 서비스든 고객에게 팔아야 하기 때문이지요.

거래처에서 신뢰감 있는 모습을 잘 연출할 줄 아는 사원을 뽑고 싶어 하는 것은 세일즈 업종에 종사하는 면접관들의 인지상정임에 틀림없습니다. 튀지 않는 무난한 옷차림에 호소력 있는 말투, 생글생글 잘 웃으며 대답하는 태도가 포인트입니다. 향수를 선택할 경우에는 활동이 많은 사람에게 어울리는 시원한 향의 제품을 고르도록 합니다.

(5) 기지·변호사·의사 등 전문식, "세련된 정장에 설득력 있는 표정"

자기주장을 펼치는 모습을 많이 보여줘야 하는 전문직 면접에서는 옷보다는 표정과 말투가 관건입니다. 친절하되 단호하고 의연한 태도로 일관하는 것이 도움이 됩니다. 의상을 선택할 때에는 빈틈없는 세련됨으로 자신을 포장하는 것이 좋습니다. 여성의 경우에는 레이스나 리본이 치렁치렁한 공주풍 의상을 피합니다. 남성의 경우에는 벨트와 신발에 약간의 포인트를 주되, 셔츠와 타이는 무난한 것으로 고릅니다. 메이크업은 포인트 없이 깨끗한 느낌이 좋습니다.

(6) 교사·공무원, "보수적인 스타일에 배려심이 느껴지는 말투"

개인적인 의견을 너무 내세우기보다는 중립적인 태도를 유지합니다. 호탕하게 웃거나 과민한 반응을 보이지 않도록 하고, 늘 상대를 배려하고 존중하는 듯한 말투를 연습해 둡니다. 여성의 경우에는 머리를 길게 늘어뜨리거나 한 갈래로 질끈 묶기보다는 반 묶음으로 단정한 이미지를 연출하고 남성의 경우에는 이마를 드러내 밝은 이미지를 연출합니다. 메이크업은 얌전하지만 여성스러움이 살짝 드러나게 포인트를 주고, 향수는 편안한 느낌의 플로랄 계열로 선택합니다.

(7) 디자이너 등 예술계통, "딱딱하지 않은 차림에 개성 돋보이는 향수"

창작이 주업인 디자이너 등 예술계통 종사자의 경우 평범한 정장보다는 포인트가 있는 캐주얼이 낫습니다. 피트감이 좋은 세련된 청바지에 재킷을 입거나 트렌디한 하이힐은 어떨까요? 굳이 정장을 고집한다면 고풍스러운 느낌의 귀걸이나 핸드백으로 마무리해 지루함을 덜어봅니다. 단, 아무리 디자이너라 해도 회사에 소속되는 경우에는 직장인이라는 굴레도 감안해야 하므로, 개성을 드러내되 너무 과한 옷차림은 피하는 것이 좋습니다.

6) 유형별 면접 대응전략

(1) 단독면접

응시자 한 사람을 불러 한 면접위원이 개별적으로 질의 응답하는 보편적인 방법입니다. 시간이 많이 걸리고 면접위원의 주관이 작용할 수 있다는 단점이 있으나, 한 사람을 조목조목 알아내는 데는 좋은 방법일 수도 있습니다. 또한 1:1로 마주하기 때문에 필요 이상의 긴장이 될 수도 있겠지만 자신의 품성과 전문지식을 충분히 발휘할 수 있습니다.

(2) 개별면접

다수의 면접관이 한 사람의 지원자를 대상으로 질문과 응답하는 형태의 면접방식을 말합니다. 면접관이 여러 명이므로 다각도의 질문이 나올 수 있고, 이를 통해 지원자의 다양한 측면을 알아낼 수 있다는 장점이 있습니다. 면접관들은 그 회사의 임원급으로 구성되거나, 경우에 따라 대표이사가 참석하는 경우도 있으나, 대개의 경우 담당 부서장(팀장)이 됩니다. 면접에 있어서 공통적인 질문으로는 지망동기, 직업관, 성격, 가치관, 성격, 교우관계, 이성문제, 결혼, 취미, 특기 등이 있습니다. 일반적으로 처음 1~2분간은 자기소개를 요구하는 경우가 많습니다. 따라서 응시자는 개성 있는 자기소개를 하기 위해서 직접 체험한 내용과 자신의 장점과 목표 등을 포함시켜 말하면 좋습니다.

(3) 집단면접

집단면접이란 면접관 여러 명이 지원자 여러 명을 한꺼번에 평가하는 면접방식입니다. 지원자가 많을 경우 면접시간을 단축시킬 수 있을뿐더러 응시자 간의 비교평가가 가능하다는 장점이 있는 반면에 앉는 순서에 따라 불이익을 당할 수 있다는 것은 단점으로 작용하고 있습니다. 일반적으로 함께 면접을 보는 사람들에게 반드시 똑같은 질문이 던져진다거나 각 사람에 똑같은 시간이 배분되는 것은 아니지만, 같은 질문이 여러 응시자에게 동일하게 던져진 경우에 같은 대답을 하는 것이 불리하게 작용할 수 있습니다. 좀 더 부가해서 창의적으로 세련된 대답을 하는 것이 평가에 좋은 영향을 미칩니다. 자신의 의견을 명확히 해서 집단 속에 묻히거나 밀려나지 않도록 해야 한다는 것입니다.

집단면접에서는 개별면접에서 볼 수 없는 것을 볼 수 있다는 장점이 있는데 협동성이 바로 그것입니다. 단시간이지만 혼자서 자기주장만 하고 다른 사람이 발언하고 있을 때에는 타인의 대답을 경청해야 하는데, 다른 곳에 한눈을 파는 등 무관심한 사람은 좋은 평가를 받을 수 없습니다.

또한, 집단면접에서는 자연히 시간이 한정됩니다. 예를 들어 3명이 30분 동안 면접을 받는다고 하면 1명당 10분 정도가 할당되는 셈입니다. 하나를 물었을 때 너무 길게 대답하면 다양한 질문으로 인해 자신의 본 모습을 보일 수 있는 기회를 잃게 됩니다. 짧고, 간단하게 자신의 의견을 말할 수 있는 요령을 터득해야 합니다.

(4) 1분 자기소개

과거에는 '3분 자기소개'를 하는 회사가 대다수였습니다. 현재는 '3분 자기소개'보다는 '1분 자기소개'를 지시하는 회사가 많으며, 그마저도 줄어들어서 '20~30초 자기소개'를 시키는 회사가 있을 정도입니다. 이 1분 자기소개 안에는 개인의 재치와 가치관, 언어능력 및 개성이 모두 반영되어 있습니다. 사실 1분 안에 이 모든 걸 함축한 다는 건 다소 무리가 따르는 일일지도 모릅니다. 하지만 그만큼 어 렵기 때문에 면접관이 '단시간의 자기소개'를 요구하는 것입니다. 면접에서 중요한 것이 '짧고 굵은 답변'인데, 그 점을 가장 잘 반영 하고 있는 것이 바로 1분 자기소개입니다. 대개의 면접에서는 처음 시작하는 단계에 이것을 시키는 일이 많습니다. 지원자를 단시간에 파악하는 데 안성맞춤인 방법이기 때문입니다. 가장 좋은 방식 중 하나는, 자신이 어떤 사람인지 구체적이고 가시적인 예를 들어 설명 하는 것입니다. 여기서 포인트는 강점을 '구체화'시키는 것입니다. 단편적이고 강렬한 실세경험을 얘기하는 것도 좋습니다. 가장 나쁜 방식은 추상적으로 면접관에게 자신을 설명하는 것입니다. '저는 성 실합니다'나 '열정적인' 같은 사항은 본인이 직접 피력하는 것이 아 니라 면접관이 보고 판단하는 것입니다. 본인이 본인을 평가하는 듯 한 뉘앙스의 자기소개는 면접관으로 하여금 '별 볼일 없는 지원자' 라는 인상을 줍니다. 면접에서 좋은 자기소개는 많은 연습 끝에 완 성됩니다. 자신을 어필할 수 있는 시간은 단 1분이라는 사실에 유념 하면서, 창의적이고 개성적으로 만들어보십시오.

(5) 토론면접

토론면접은 토론자(응시자들), 청중(면접관), 토론주제와 내용으로 이루어집니다. 이런 구성 요소적 특성으로 인해 지원자는 다음 사항 을 유의해야 합니다.

① 면접관의 질문과 응시자의 답변이 아닌 응시자(토론자) 상호
간의 토론과 발표가 중심입니다.

② 면접관들이 기본적인 안내를 제외하곤 거의 토론에 관여하지
않기 때문에 모든 것을 토론자끼리 자율적으로 해결해 나가야
합니다.

③ 무리하게 자신의 의견을 피력하려 하는 것은 감점 요인입니다.

④ 토른을 하는 것뿐 아니라 다른 사람의 의견을 경청하는 것도
중요합니다.

⑤ 토론자(응시자)끼리 협력해서 주제에 대한 결론을 도출하는 것
이 좋습니다.

(6) 압박면접

대개의 지원자들이 두려워하고, 또 절대로 맞닥뜨리고 싶지 않다
고 하는 면접이 있습니다. 면접관들은 지원자의 말에 꼬리를 잡거나
비수를 꽂는 예리한 질문을 하곤 하는데, 이것을 '압박면접'이라고
합니다. 지원자를 오도 가도 못하게 압박하는 잔인한 면접방식이라
는 데서 비롯한 말이지요. 실은 면접관 자신도 답을 명확히 알지 못
하는, 그야말로 '황당한' 질문을 면접자들에게 던지고 이후에 그 상
황을 어떻게 대처하는지를 평가의 기준으로 삼는 것입니다. 지원자
들은 면접에 대비해서 많은 준비를 하면서도 이러한 압박면접에 대
해서는 특별한 준비를 하지 않습니다. 갑작스러운 상황을 어떻게 대
비하겠는가 하는 생각에 자신에게 이러한 상황이 닥치지 않기만을
바라는 소극적인 대처로 그치는 것입니다. 압박면접을 보는 이유는

회사에서 업무를 하는 도중에 일어날 수 있는 각종 돌발상황을 유연하게 잘 넘길 수 있는 사람을 채용하기 위해서입니다. 그렇기 때문에 질문을 받고 당혹스러운 표정을 짓거나 면접관의 의도에 휘말려 이성을 잃을 경우 곧바로 감점 대상이 됩니다.

가장 좋은 방법은 질문을 받자마자 바로 답변하지 말고 3~5초간의 여유를 두고 답변하는 방법입니다. 질문이 끝나자마자 대답을 한다면 생각이 정리되지 않은 상태이기 때문에 실수하기 쉽습니다. 황당한 질문이라면 더욱 그렇습니다. 따라서 생각을 정리하고 답변하는 방법이 좋은 대처법입니다. 모의 면접을 통해 압박면접에 대처하는 방법도 있습니다. 모의 면접은 대학에서 취업 캠프를 할 때 신청해서 받을 수도 있고, 친구들끼리 스터디를 구성하여 진행할 수도 있습니다. 모의 면접을 통해 면접에 대한 내성이 생기면 실전에서도 능숙하게 대처할 수 있습니다.

명심해야 할 것은 압박면접뿐 아니라, 면접의 전반적인 과정에 있어서 평상심을 잃지 말아야 한다는 것입니다. 쉽게 흥분하거나 좌절하는 지원자는 면접관에게 좋은 평가를 받지 못합니다.

(7) PT면접(프레젠테이션)

① PT 워밍업

적을 알고 나를 알면 백전백승이라는 말이 있습니다. PT면접에서 승리하기 위해서는 PT면접의 예상 질문을 파악해 놓는 것이 중요합니다. 면접 2~3개월 전, 특히 최근 1개월간의 신문 톱기사, 경제면과 저녁 뉴스는 세심하게 봅니다. 더 큰 도

움이 되기 위해서는 느낀 점을 글로 옮겨보고 거울을 보며 연
습을 하는 것, 친구들과 PT준비 스터디를 만들어서 미리 준비
하는 것도 큰 도움이 됩니다.

② 구체적인 주제를 잡아라

PT 내용이 짜임새 있게 구성되기 위해서는 광범위한 주제보다
입사 지원한 회사의 경영진이 솔깃해할 만한 구체적이고 마케
팅에 적용할 수 있는 주제가 플러스의 요인이 됩니다.

③ 간단명료한 표현

내용 못지않게 중요한 것이 바로 발표 태도입니다. 시선 처리,
손동작, 목소리 톤에 유의해야 합니다. 주장은 첫째, 둘째 등으
로 나눠 설명하는 것이 면접관들의 주목을 끌고, 스스로도 주
장을 일목요연하게 정리할 수 있습니다. 시선은 정면 → 좌 →
우를 보면서 발표합니다.

④ 시간엄수

대부분의 PT면접은 시간제한이 있습니다. 회사에 따라 차이가
있지만 5~7분이 일반적입니다. 간단하고 명료하게 표현하되,
앞뒤 말을 논리 정연하게 연결시키는 언어 구사력이 필수입니
다. 평상시 시간을 재면서 발표량을 조절하는 연습을 하면서
시간 감각을 길러야 합니다.

⑤ 자신의 생각을 담아라

아무리 분량이 적당하고, 자료를 눈에 띄게 꾸미고, 시간에 맞추어서 발표해도 자신의 생각이 포함되지 않으면 속 빈 강정이겠지요. 전문용어 설명 등에 지나치게 의존하기보다 당장 현장에 적용할 만한 마케팅 전략을 자신의 의견과 함께 제시하는 것이 더욱 높은 점수를 받을 수 있는 방법입니다.

⑥ 도표와 그래프로 튀어라

수십 명의 지원자들 속에서 눈에 띄기 위해서는 적절히 도표와 그래프를 이용해야 합니다. 깨알 같은 글씨로 내용을 꾹꾹 눌러 담는 것보나 우선 복자를 통해 프레젠테이션의 밑그림을 보여주며, 자신의 의견을 도표로 정리하거나 그래프로 만드는 것도 시선을 사로잡고 설득력을 만드는 비결이지요.

⑦ 타 지원자의 PT 경청도 평가 요소

면접 점수에는 지원자의 발표 태도 및 경청, 반응, 질문, 타인 배려 등 인성에 대한 평가가 포함되므로 발표력만큼이나 타인을 배려하고 다른 사람의 의견을 경청하는 자세도 중요합니다.

(8) 임원 면접

대기업에서는 최근 1차 면접 때에는 실무면접을, 최종면접에선 임원 혹은 CEO가 참여하는 면접 방식을 많이 사용합니다. 가장 일반적인 면접형태이지요. 이러한 면접과정에서 유의해야 할 점은 다음과 같습니다.

① 집단 속에 묻히지 마라

몇 가지 경우는 제외하고 대부분의 면접은 집단면접으로 행해
집니다. 따라서 입사지원자들은 서로 비교가 될 수 있으므로
집단 속에 묻히거나 밀려나지 않도록 해야 합니다. 다른 사람
이 대답을 할 때도 경청하고 있다는 사실이 드러나도록 살짝
고개를 끄덕이는 매너 등도 필요합니다.

② 최소한 4단계까지 질문에 대한 답을 준비하라

실무진 면접이나 임원 면접의 최근 경향은 전공 지식이나 직
무에 대해 상세한 내용을 묻는 것입니다. 일면 꼬리질문이지
요. 따라서 하나의 질문에 대해 이어지는 또 다른 질문에 대한
답을 반드시 준비해야 합니다.

③ 회사나 직무에 관심을 표현하라

마지막 단계에서 CEO나 회사의 임원 면접에서는 상대적으로
일반적인 질문이 많습니다. 지원회사나 직무에 대해서는 명확
하게 관심을 표현하고, 자신이 적합하다는 점을 드러내야 합니
다. 작은 것이라도 직무와 관련된 성공 경험을 말할 수 있다면
좋은 점수를 얻을 수 있다는 사실을 염두에 두길 바랍니다.

(9) 영어면접

입사에 있어서 영어 능력이 중요하다는 것은 이미 오래된 사실입
니다. 뿐만 아니라, 그 능력을 평가하는 방식도 점점 더 다양해졌습

니다. 영어면접은 그중에서 그나마 '고전적'인 축에 속하는 편입니다. 역사가 오래되었기 때문입니다. 문제는 그 영어면접의 난이도가 해를 거듭할수록 까다로워지고 있다는 것입니다. 영어면접은 크게 면접관이 외국인인 경우와 면접관이 내국인인 경우, 그리고 내·외국인 면접관이 동시에 나서는 경우 등으로 나누어 볼 수 있습니다.

① 면접관이 외국인인 경우

외국인 면접관은 응시자와 자연스럽고 일상적인 대화를 나누면서 응시자가 그 내용에 대해 얼마나 이해하고 있는지를 평가합니다. 동시에 영어식 발상에 의한 표현력, 발음, 어휘 등의 기본적인 영어회화 능력을 평가합니다. 관습이나 문화가 다른 외국인에 의해서 면접이 이루어지는 것이므로 그들의 독특한 표현 방식이나, 예의범절에 유의하면서 면접에 임해야 합니다.

② 면접관이 내국인인 경우

외국인 면접시험과는 달리, 내국인에 의해서 영어면접시험이 진행되는 경우에는 간단한 생활 영어 능력을 평가하는 경향이 많으며 모국어로 대답한 내용을 영어로 바꿔서 다시 대답하라고 하는 경우가 대다수입니다. 또한 영어로 된 잡지 등을 주고 내용을 번역하라든지, 제출한 자기소개서의 내용을 영어로 옮기라는 등의 요구를 하는 경우도 있습니다. 이러한 요구들은 외국인이 면접을 하는 것에 비해 지원자들을 당황하게 하는 경향이 있으나, 자신의 능력만큼 차분하게 요구에 맞춰 대답하면 됩니다.

③ 내국인과 외국인 면접관이 동시에 나서는 경우

인터뷰를 하는 방식은 회사와 직무 분야에 따라 차이가 있습니다. 내국인과 외국인이 동시에 면접관으로 나서는 경우가 있는데, 내국인이 경력 및 지식 제반을 질문하면 외국인은 일반적인 생활영어 능력을 테스트합니다. 때로는 예고 없이 필기시험을 보기도 합니다. 신문기사나 팸플릿 등을 제시하고 일정 시간 내에 번역하거나 글의 요지 또는 자신의 의견을 묻는 경우도 있으므로 이런 경우에 당황하지 않도록 합니다.

7) 면접 시 금기사항

면접의 중요성을 모르는 응시자는 없습니다. 때문에 다양한 방법을 통해서 면접에 대한 견고한 대비책을 준비합니다. 하지만 전략과 테크닉을 아무리 잘 연마했더라도 여러 가지 이유로 응시자들은 면접장에서 실수를 하게 됩니다. 알고도 실수하는 경우가 있고, 잘못 알아서 저지르는 실수도 있습니다. 어렵게 익힌 면접의 전략과 테크닉을 잘못 사용해서 실수를 저지른다면 많은 노력이 수포로 돌아갈 수도 있기 때문에 각별한 주의를 요합니다.

(1) 외워서 답변하기

면접관들은 외워서 대답하는 티가 나는 응시자를 극도로 싫어합니다. 인위적이라는 인상이 들기 때문입니다. 잘 외워서 능숙하게 답변했더라도 그것이 면접관들에게 응시자 자신의 모습이 아닌, 외워서 말한 것으로 드러나면 그 순간 잘 외운 답변은 치명적 실수가 되는 것입니다.

(2) 부정직한 답변과 잘난 척하기

면접에서 솔직한 답변을 하는 것은 기본입니다. 물론 본인에게 불리할 수도 있는 답변을 재치를 살려 유리하게 만드는 것은 있을 수 있습니다. 그러나 부정직하거나 과장된 답변으로 일관하거나 앞뒤가 맞지 않는 답변을 하는 실수를 하면 그 순간 면접관의 눈 밖에 나고 맙니다.

(3) 관심과 열정의 결여

면접을 볼 때 관심과 열정을 보이지 않는 응시자는 면접관으로 하여금 '껍데기 같다'는 인상을 줍니다. 당연히 좋은 평가도 받지 못합니다. 관심과 열정은 면접 태도와 말투, 자신감에서 드러납니다. 또한, 회사와 업무에 대한 정확한 이해와 구체적 지식 및 계획 등에서도 엿볼 수 있습니다. 이러한 관심과 열정이 결여된 채 입으로만 시험에 임하는 응시자들이 의외로 많습니다.

(4) 급여나 복리후생부터 묻는 사람

면접관들이 분위기를 편하게 해주고 응시자에게 기회를 주기 위해 궁금한 사항이 있으면 질문을 하라고 하는 경우가 있습니다. 이

때야말로 회사와 업무에 대한 관심과 열정을 보일 수 있는 절호의
기회임에도 불구하고, 거꾸로 급여나 복리후생부터 질문하는 경우가
있습니다. 한마디로 '나 불합격시켜 주세요'라고 말하는 것이나 다
름없는 실수입니다.

(5) 이력서, 자기소개서에 대한 이해의 결여

이력서와 자기소개서를 보기에만 좋게 작성하거나 이력서·자기
소개서 작성 대행업체를 통해 작성하는 경우 흔하게 발생하는 실수
입니다. 자신이 작성한 이력서와 자기소개서의 내용에 대해 충분히
이해하지 못하고 엉뚱한 답변을 하는 경우도 여기에 포함됩니다.

(6) 지각

면접과 같이 응시자의 인생에서 중요한 순간임에도 불구하고 거
의 모든 면접시험에서 지각하는 응시자가 있습니다. 평소에 약속시
간에 늦는 습관이 있는 사람이라면 특히 당일 30분 전에 면접장에
도착한다는 각오로 시간을 계산하여 지각은 절대적으로 피해야 합
니다. 지각과는 반대로 너무 일찍 도착하여 진행하는 직원들보다 먼
저 면접장을 점거하고 있는 경우도 가끔 있는 실수의 하나입니다.

(7) 비전문적(비직업적) 또는 부정적인 언어와 습관

면접은 회사와 공식적으로 만나는 첫 자리입니다. 매우 중요하며

그만큼 예의를 갖춰야 하는 자리입니다. 그러나 사적인 용어나 속어 및 은어를 자주 사용하고, 부정적인 언사를 남발하는 경우가 종종 있습니다. 인터넷 채팅 용어나 약어의 사용도 주의해야 합니다.

인사담당자가 말하는 최악의 습관은?

인사담당자의 92%가 지원자의 나쁜 습관이 부정적인 영향을 준다고 하였습니다. 인사담당자들이 꼽은 대표적인 나쁜 습관들로는 끝말 흐리기(64.2%, 복수 응답)가 가장 많았고 시선 피하기(43.7%), 더듬거리기(43.0%) 등이 주로 꼽혔습니다. 무의식중에 표시된 습관들이지만 누가 보더라도 비전문, 비직업적일 뿐만 아니라 자신감 없어 보이는 행동들입니다.

끝말 흐르기	64.2%
시선피하기	43.7%
더듬거리기	43.0%
한숨 내쉬기	41.7%
다리떨기	41.7%
음…, 아… 등과 같은 불필요한 추임새	33.8%
~했어요, ~에요 같은 격식 없는 말투	32.5%
~인 것 같아 등의 불명확한 표현	31.8%
손 만지작거리기	19.9%
머리 긁적이기	15.2%
눈 깜빡이기	15.2%
빠른 말속도	13.2%
입술 깨물기	13.2%

① 말을 많이 하거나 장황하게 답변하기

긴장을 해서인지, 할 말이 많아서(혹은 없어서)인지는 몰라도 답변이 쓸데없이 장황한 응시자가 있습니다. 면접관은 이런 응시자를 좋아하지 않습니다. 말이 많은 응시자는 답변이 장황할 뿐 아니라 그 요지까지 불분명하며, 말끝을 흐리거나 더듬거리는 습관을 복합해서 내보입니다. 면접관 입장에서 상당히 피곤한 스타일이며, 당연히 불합격할 수밖에 없습니다.

② 경청을 안하고 엉뚱한 답변하기
면접은 면접관과 응시자 간의 쌍방향 커뮤니케이션입니다. 면접질문에 대한 경청은 면접응시자의 가장 기본적인 태도의 하나입니다. 그럼에도 면접관의 질문을 경청하지 않고 엉뚱한 대답을 하는 경우가 꽤 많습니다. 혹은 면접관의 질문이 끝나지도 않았는데 서둘러 답변하는 실수를 보이기도 합니다.

③ 소극적이고 방어적인 태도로 일관
시종일관 소극적이고 방어적인 대답을 연발하는 응시자가 있습니다. 면접관들은 단점이 없는 완벽한 응시자를 찾는 것이 아니라, '완벽할 수 있는 가능성을 갖춘' 응시자를 찾는 것입니다. 그러나 몇몇 응시자들은 스스로가 완벽하게 보여야 한다는 강박을 가지고, 자신의 허점을 드러낼 수 있는 모든 빈틈을 차단합니다. 사실 이 자체는 그다지 큰 실수가 아니지만, 면접이 끝난 후 좋은 인상을 전혀 남기지 못하는 것이 실수라고 할 수 있습니다. 면접관은 진솔한 응시자를 좋아합니다. 위와 같은 태도는 거짓되고 가식적으로 느껴지기 때문에 면접관으로 하여금 '같이 일하기 싫은 타입'이라는 느낌을 줍니다.

[인사담당자가 말하는 최악의 답변들]
면접 족보를 참고하거나 스터디를 하다 보면 몇 가지 정형화된 답

변을 할 수밖에 없는데, 인사담당자 입장에서는 이미 수백 번가량 들은 것이기 때문에 그 첫마디만 들어도 이골이 날 지경이라는 반응을 보입니다. 또한 건방진 뉘앙스를 풍기거나 성의가 없고 염세주의적인 태도를 보이는 답변도 인사담당자들의 입장에서는 절대로 듣고 싶지 않은 답변들입니다. 다음은 인사담당자들이 말하는 대표적인 최악의 답변들입니다.

- "꿈이 무엇이냐"는 질문에 "이 회사에 꼭 취직하는 겁니다"라고 대답한다.
- 희망부서를 묻는 질문에 "아무 일이나 시켜주는 대로 최선을 다하겠습니다"라고 대답한다.
  부모님의 이야기를 많이 하며, "가장 존경하는 사람이 누구냐"는 질문에 "아버지"라고 대답한다.
- 말을 할 때마다 "솔직히 말씀 드려서"로 시작한다.
- 가볍게 웃자고 던진 질문에 웃지 않는다. 너무나 진지하게 대답한다.
- 이성(異性)에는 그다지 관심이 없다고 한다.
- "궁금한 것 있으면 아무 질문이나 해보아라"라고 했더니 "주5일제 맞죠?"
- 취미가 무엇이냐는 질문에 "독서요", "음악 감상이요"

회사환경도 변하고, 회사가 뽑는 인재기준도 변했는데, 자신만 변하지 않고 진부한 답변을 한다면 누가 좋아하겠습니까? 좀 더 자신만의 생각을 담아 자신 있게 표현하는 것이 최선의 성공 비결입니다.

유학생 관련 비자의 종류

비자 종류	목적	체류기간	비고
C-3	친척방문, 여행, 단기어학연수	90일 이하	
D-4	장기어학연수	6개월 연장(최장2년)	
D-2	학부연수	1년간 연장(학부기간 내)	
D-10	취직준비	-대학졸업생: 6개월 단위(최장1년) -석·박사졸업생: 1년(최장 2년)	
E-7	특정활동 허용 직종	계약기간 내	
F-2	거주 체류	거주기간	

일반적으로 유학생 비자는 C-3비자, D-2비자, D-4비자 세가지 종류가 있습니다. C-3비자는 90일 이하의 단기종합비자이므로 친척방문, 여행, 단기 어학연수 등은 모두 이 유형의 비자에 속합니다. 신청자가 만약에 한국 대학의 예과반 혹은 언어교육원에서 한국어를 배우고 싶다면 C-3비자를 신청할 수 있습니다. C-3 비자를 지닌 학생이 학습기간 중 출석률이 80% 이상 도달하면 한국출입국관리사무소에 가서 장기어학연수 D-4비자로 바꾸어 가질 수 있습니다. 학생이 비자를 받을 때, 학교에서 발행한 재학증명서, 출석표, 200만원 이상의 원화은행저축증명서가 필요합니다. 만약 출석률이 80%에 도달하지 못하거나 학습평균 성적이 70점 이하일 경우는 비자연장

을 받을 수 없습니다.

D-4비자는 장기어학연수 비자입니다. 어학교육원에서 6개월 이상 공부하고자 하는 경우 신청하는 비자입니다. 일반적으로 6개월에 한 번씩 연장하고 최대기한은 2년으로 제한되어 있습니다. 2년 뒤 입학하지 못하거나 혹은 기타사유로 비자를 바꾸려고 하는 자는 더 이상 한국에 체류할 수 없습니다. 한국 법무부를 통하여 신청한 D-4비자는 비자를 받기까지 대략 한 달간의 시간이 필요합니다.

D-2비자는 한국 대학에서 학습을 신청하는 신청자들이 진행하는 비자입니다. 비자신청은 한국 법무부에서 진행합니다. D-2비자는 한국에서 연장할 수 있고 일년에 한 번씩 연장하고 최대기한은 학부기간 내로 제한되어 있습니다. D-4비자를 받은 학생은 언어연수기간 동안 2주 이상수업을 결석하면 비자연장을 받을 수 없습니다. 학생이 언어연수 단계가 끝난 뒤, 학부에 진학하면 D-4비자를 D-2비자로 변경시킬 수 있습니다. 유학생들은 대학졸업 후 일반 정황하에서 D-10과 E-7 두 가지 유형의 비자를 받을 수 있습니다. 한국에서 졸업한 대학생이면 취직준비비자(D-10)를 신청할 수 있습니다. 학부졸업생은 반년 단위로 신청할 수 있고 석사, 박사 연구생은 1년 단위로 신청할 수 있습니다.

E-7비자는 한국에서 취직하는 외국인들이 신청할 수 있는 비자입니다. 기간 제한이 없으며 취직기간에 따라 기간을 연장할 수 있습니다. D-2와 D-4 비자를 가지고 있는 유학생 혹은 한국에서 90일 이상 거주하려고 하는 중국인은 반드시 한국에 입경 후 90일 이내에 해당 법무부 출입국관리사무소에 가서 외국인등록증을 신청하여야 합니다. 만약 90일 이내에 외국인등록증을 신청하지 않았을 경우는

벌금을 부과합니다.

　F-2비자는 거주(체류)비자로서 출입국관리법시행령 별표1의 교수 (E-1), 회화지도(E-2), 연구(E-3), 기술지도(E-4), 전문직업(E-5), 예술 흥행(E-6), 특정활동(E-7), 유학(D-2), 취재(D-5), 종교(D-6), 주재(D-7), 기업투자(D-8), 무역경영(D-9), 구직(D-10) 체류자격으로 1년 이상 합법체류 중인 전문인력이 신청할 수 있습니다. 다만, 예술흥행(E-6) 자격자 중 호텔·관광유흥업소 등의 연예활동종사자(E-6-2)는 제외 하고, 유학(D-2) 및 구직(D-10)자격자는 국내기업 등에 취업이 확정 된 경우에 한합니다. F-2비자는 아래 평가표상 연령·학력·한국어 능력·소득 등 평가표에 의한 평가점수가 80점 이상이어야 합니다.

○ 평가표

<table>
<tr><td rowspan="2">구분
(배점)</td><td colspan="3">공통항목(90점)</td><td colspan="3">가감점항목(30점)</td><td rowspan="2">총점
(120)</td><td rowspan="2">합격
여부</td></tr>
<tr><td>연령(25)</td><td>학력(35)</td><td>한국어 능력(20)</td><td>현소득 (10)</td><td>가점(30)</td><td>감점(-5)</td></tr>
<tr><td>점수</td><td></td><td></td><td></td><td></td><td></td><td></td></tr>
</table>

<table>
<tr><td>연령
(배점)</td><td>18~24세
(20)</td><td>25~29세
(23)</td><td>30~34세
(25)</td><td>35~39세
(23)</td><td>40~44세
(20)</td><td>45~50세
(18)</td><td>51세 이상
(15)</td></tr>
<tr><td>점수</td><td></td><td></td><td></td><td></td><td></td><td></td><td></td></tr>
</table>

<table>
<tr><td>학력
(배점)</td><td>박사학위
2개 이상
(35)</td><td>박사학위
1개
(33)</td><td>석사학위
2개 이상
(32)</td><td>석사학위
1개
(30)</td><td>학사학위
2개 이상
(28)</td><td>학사학위
1개
(26)</td><td>2년제 이상
전문대학
졸업 (25)</td></tr>
<tr><td>점수</td><td></td><td></td><td></td><td></td><td></td><td></td><td></td></tr>
</table>

<table>
<tr><td>한국어
능력(배점)</td><td colspan="2">사회생활에서 충분한
의사소통 (20)</td><td colspan="2">친숙한 주제 의사소통
(15)</td><td colspan="2">기본적인 의사소통 (10)</td></tr>
<tr><td>점수</td><td colspan="2"></td><td colspan="2"></td><td colspan="2"></td></tr>
</table>

<table>
<tr><td rowspan="2">항목
(배점)</td><td rowspan="2">사회통합
프로그램
이수(10점)</td><td colspan="5">한국 유학 경험(10점)</td><td colspan="3">국내 사회봉사
활동(5점)</td><td colspan="3">해외 전문분야
취업경력(5점)</td></tr>
<tr><td>어학
연수
(3)</td><td>전문
학사
(5)</td><td>학사
(7)</td><td>석사
(9)</td><td>박사
(10)</td><td>1년
미만
(1)</td><td>1~2년
미만
(3)</td><td>2년
이상
(5)</td><td>1년
미만
(1)</td><td>1~2년
미만
(3)</td><td>2년
이상
(5)</td></tr>
<tr><td>점수</td><td></td><td></td><td></td><td></td><td></td><td></td><td></td><td></td><td></td><td></td><td></td><td></td></tr>
</table>

<table>
<tr><td rowspan="2">출입국관리법
등 위반(배점)</td><td colspan="2">동반자(-2)</td><td colspan="2">피초청자(-3)</td></tr>
<tr><td>불법체류(-1)</td><td>통고처분 등(-1)</td><td>불법체류(-1)</td><td>통고처분 등(-2)</td></tr>
<tr><td>점수</td><td></td><td></td><td></td><td></td></tr>
</table>

※ 시행일 : 이 고시는 2011년 9월 1일부터 시행한다.

근로계약서 작성 시 주의사항

근로계약은 근로자가 임금·급료 등의 대가를 사용자로부터 받고 노무를 제공하는 것을 약정하는 계약으로 근로기준법의 적용을 받습니다. 또한 근로기준법이 정한 기준에 어긋나는 근로계약은 그 부분에 한하여 무효입니다.

근로계약서에 들어가야 할 내용은 당사자의 인적사항, 임금관련 사항, 시업 및 종업시각, 근로시간, 휴게시간, 휴일, 휴가, 취업 장소와 종사업무 등입니다. 근로계약은 기간의 정함이 없는 것과 일정한 사업완료에 필요한 기간을 정한 것을 제외하고는 그 기간은 기본적으로 1년을 초과하지 못합니다. 이때 사용자는 임금, 근로시간 기타의 근로조건을 명시하여야 하며, 근로자는 근로조건 위반에 따른 손해배상을 청구할 수 있으며 즉시 근로계약을 해지할 수 있습니다.

(1) 근로계약서는 거짓이 없어야 합니다

근로관계 문서를 작성함에는 상호 신뢰의 바탕 위에 거짓 없이 사실 그대로를 명확하게 작성하여야 합니다. 즉, 근로자는 자기의 학력과 경력 등에 관한 사항을, 사용자는 근로의 대가로 지급하는 임금과 근로자의 복리에 관한 사항 등 제반 사항을 명확하게 알 수 있도록 하여야 합니다.

근로자나 사용자가 이에 관한 사항 등을 거짓 등으로 작성한 경우 이는 상호 신뢰관계는 물론 법률적 문제로 대두되어 분쟁의 불씨가 됩니다. 그러므로 근로관계 문서는 진실에 입각하여 명확하게 작성하되 신중을 기하여 작성하여야 합니다.

(2) 근로조건은 반드시 기재해야 합니다

'근로조건'이란 임금·근로시간·휴일·휴가·복리후생시설·재해보상·안전보건 등 근로자가 회사에서 받는 모든 대우를 말하며, 근로기준법에서 그 최저기준을 정하고 취업규칙이나 근로계약에서 그 이상으로 정할 수 있습니다.

회사는 근로계약을 체결할 때 근로자에게 이러한 근로조건을 반드시 명시해야 합니다. 명시방법은 구두로도 가능하나, 임금의 구성항목·계산방법·지불방법에 대해서는 회사가 반드시 서면으로 명시하게 되어 있으므로 분명히 확인해야 합니다.

(3) 근로계약서의 내용을 그대로 준수해야 합니다

사용자는 근로계약에서 약정된 것과 다른 근로제공을 근로자에게 요구할 수 없습니다. 대개의 경우 근로계약 체결 시에는 근로의 종류에 대해 대강만을 정하고, 구체적인 것은 사용자의 지시(근로계약으로 발생되는 사용자의 지시권은 계약의 내용을 구체적으로 실현하는 의사표시이다)에 따르도록 하는 것이 일반적입니다. 그러나 이때에도 사용자의 지시권 행사는 근로계약의 취지, 취업규칙, 법률의 규정 등에서 인정되는 범위 내에서만 가능합니다.

(4) 근로기준법을 위반하는 계약은 무효입니다

근로계약은 근로자가 임금·급료 등의 대가를 사용자로부터 받고 노무를 제공하는 것을 약정하는 계약으로 근로기준법의 적용을 받습니다. 또한 근로기준법이 정한 기준에 어긋나는 근로계약은 그 부분에 한하여 무효입니다.

정책 제언

　일반적으로 외국인유학생들의 유학 만족도는 한국 관련 기업과 전문직에 취업하는 것과 밀접한 상관관계가 있음을 명심해야 합니다. 즉, 유학기간의 길고 짧음이 유학 만족도에 영향을 주는 것이 아니고, 유학 후 취업에 성공했는가에 의해 유학 만족도가 결정됨을 알아야 합니다. 따라서 유학생 출신이 한국기업에 취업한다는 것은 유학생 유치정책의 성공을 의미하는 지표라고 할 수 있으며, 지한파를 넘어 자연스럽게 친한파를 육성하는 효과를 거둘 수 있습니다. 물론, 유학생을 국가이미지 제고 차원에서 관리할 필요까지는 없지만, 유학생 출신이 한국에 보다 많은 투자를 유도할 수 있는 잠재적인 통로가 되고, 본국에서 성공적인 유학생의 본보기가 되어 더 많은 학생을 한국으로 유치하는 모범사례가 될 수 있다는 점을 분명히 인식해야 합니다. 좀 과장되게 표현한다면, 얼마나 많은 유학생 출신이 한국회사에 취업하려고 하는지가 유학생 정책 성공의 최종적인 지표라고 할 수 있을 것 입니다. 공공외교가 대세로 자리잡은 21세기에서 유학생은 중요한 민간 외교자원이라는 인식을 명확히 하고, 유학생을 단순한 경제적인 측면에서 바라보는 시각에서 벗어나야 합니다.

유학생은 한국의 위상을 높이고 친한파(親韓派)의 선봉장이 될 잠재적인 자원이기 때문입니다. 하지만 유학생에 대한 관심소홀이 현재 상태로 지속된다면 친한파는커녕 혐한파(嫌韓派)만 양성하는 결과를 초래할 것 입니다. 따라서 유학생 정책의 재정립에 앞서 유학생을 바라보는 시각 특히 외국인유학생에 대한 시각을 교정하는 작업이 선행되어야 합니다.

유학생 취업 관리시스템 개선을 위해서는 각 대학이 졸업한 유학생에 대한 사후관리를 강화하고, 그들의 취업 현황을 파악하는 기본체계를 갖추어야 할 것입니다. 이를 위해 각 대학의 유학생 관리에 대한 정부당국의 감독과 인센티브제공 등 여러 유인책을 보다 강력하게 시행할 필요가 있습니다. 외국인유학생들은 한국회사에 취직할 가능성이 희박할 경우 영어권이 아닌 한반도에서만 사용하는 한국어를 배우는 것이 향후 진로를 찾을 때 한계가 될 수 있다는 것을 충분히 인식하고 있습니다. 다른 한편으로 기업의 인턴십 확대 및 체류기간 연장 등 국내취업을 위한 제도적 여건을 마련해 줌으로써 유학생 유입증가를 기대할 수 있습니다. 유학생 채용확대는 유학 희망자를 늘리는 좋은 수단이 됨과 동시에 외국에 진출한 우리 기업에 우수한 해당국 인재를 제공할 수 있는 기회를 제공해 주고 있습니다. 이를 통해 글로벌비즈니스를 주도할 인재육성 허브국가로서의 이미지 구축에도 도움이 됨을 인식하여 한국기업들도 외국인유학생 활용에 전향적인 자세를 보일 필요가 있습니다.

외국인유학생이 한국 유학 이후 한국기업이나 한국기업의 현지회사 혹은 외국기업의 한국 관련 업무에 종사할 수 있도록 우리 정부당국과 대학이 보다 적극적으로 나서야 합니다. 일본의 경우 유학생

30만 명 유치를 계획하는 단계에서부터 국가차원에서 유학생에 대한 취업알선과 취업교육, 비자발급 간소화 및 일본 내 취업준비기간 연장 등 적극적인 조치를 취하고 있습니다. 일본에 비해 우리의 유학생 유치정책은 다소 보수적일 뿐 아니라 유학생 출신이 한국회사 취업에 대한 공통의 인식조차 이끌어내지 못하고 있는 상황입니다.

특히 중국에 진출한 한국계 기업이 7만여 개에 달할 뿐 아니라 중화권(중국, 홍콩, 대만 등) 시장으로의 우리나라 수출 비중이 30%를 상회하고 있고, 향후 중국 내수시장 공략이 우리 기업의 최대 현안으로 부상하고 있음을 감안할 때, 국내 유학 중인 중국인유학생의 중요성은 점차 증대되고 있습니다. 이와 같은 상황을 감안할 때 현재의 외국인유학생 유치 정책은 보다 개선될 필요가 있습니다. 이를 위해 아래와 같은 '정책제언'을 드립니다.

<정책제언>

구분	제언사항	비고
비자관리	- 취업체류기간 연장(D-10비자의 1회 연장기간 6개월 → 1년) - 취업비자(E7) 신청 시 과도한 기준 적용	- 연장기간(일본 1년, 영국 2년)
취업관리	- '유학생 취업률'을 인증제 정량평가 지표로 변경	- 현재 '졸업 후 진로관리 프로그램'은 정성평가 지표로 분류되고 있음
졸업 후 사후관리	- 전문지, 학술지 등 홍보간행물 발송 - 모교 재방문(교환교수, 방문학자, 공동연구, 자매결연 등) 기회 부여	- 일본사례

다음 기사는 주간조선(2010.12.13.)에서 소개한 것으로, 중국인유학생 정책의 현실을 잘 설명해 주고 있습니다.

"한국이 싫어!"

유학생 4명 중 3명이 중국인, 뽑아만 놓고 방치
대학 4년 마쳐도 한국말 안돼 반한감정만 커져

중국인 A(26·남)씨는 중국 대학입시에 실패하고 2004년 봄에 한국으로 유학을 왔다. 1년 반의 어학원 과정을 마치고 2006년 한 서울 소재 대학의 건축학과에 입학했다. 하지만 시간이 갈수록 학업과 대인관계는 점점 어려워졌다. 한국어가 서툴러 수업의 절반도 못 알아듣고 과제를 하는 데도 시간이 오래 걸려 학과 동기들이 번번이 팀 과제에서 A씨를 따돌렸다. 한 학기에 F를 2~3개씩 받아 비자연장에 문제가 생길 위기였다. 열심히 하려고 노력해도 교수, 같은 과 동기, 학교 행정직원 어느 누구에게도 도움을 구할 곳이 없었다. 결국 한국 유학에서 미래를 보지 못한 A씨는 대학 3학년 때 자퇴를 하고 중국으로 돌아간 후 다시 영국으로 유학을 갔다.
A씨처럼 코리안드림이 깨진 중국인 유학생이 늘어나고 있고, 더구나 이들 실패한 중국인유학생의 반한감정이 문제가 되고 있다. 대학들이 제도와 시설 등이 제대로 갖춰지지 않은 상태에서 마구잡이로 중국인 유학생 유치에 나서면서, 앞으로도 실패한 유학생들이 더욱 늘어날 수밖에 없고 이에 따라 중국 유학생의 반한감정은 증폭될 전망이다.

"중국인이면 무조건 무시"

중국인 유학생의 반한감정은 학부 3~4년 때가 제일 심각한 것으로 나타났다. 성균관대 중어중문학과 이준식 교수가 얼마 전 직접 전국 1,200명의 중국인 유학생을 대상으로 설문조사한 결과다. 이 교수는 "정부용 연구보고서라 구체적인 수치 공개를 할 수 없다"면서도 반한감정의 배경에 대해 "대학에서 중국 유학생들의 양적 유치에만 신경을 쓰고, 입학 후에는 방치하기 때문"이라고 강조했다. 이 교수는 "유학생 입장에서는 공부가 잘돼야 호감이 생기는 건데 시간이 갈수록 배운 것이 없고 불만만 늘어나는 것이 현실"이라고 말했다. 그가 가르치는 중국인 유학생들의 경우도 한국어능력시험 5급(고급) 이상이지만 수업의 절반 이상을 못 알아듣는다고 한다. 교수들도 중국인 유학생 수가 너무 많다는 이유로 선뜻 도움의 손길을 뻗을 수 없는 게 현실이고, 동기인 한국 학생들은 '능력도 안 되는 중국 애들이 장학금 받으면서 도피유학 왔다'며 곱지 않은 시선을 보내기 일쑤라고 한다. 이 교수는 "중국인들의 전반적인 반한감정은 미미하지만 우리가 조사한 유학생과 관광객으로 한국을 경험한 중국인들의 반한 정서는 심각한 수준"이라고 말했다.

특히 한국 드라마나 영화가 몰고온 한류열풍을 계기로 한국에 대해 막연한 환상을 갖고 유학온 학생들의 실망이 크다. 2006년 유학을 온 왕빈(王彬·26·건국대 커뮤니케이션학과 3년) 씨는 "드라마 속 친절한 한국인들만 생각했는데 지하철에서 내가 중국어만 하면 주변에서 수군거리며 불편한 시선을 던졌다"고 말했다. 왕차오(王超·26·건국대 대학원 석사) 씨도 "중국인이라고 하면 모두 가난하게 보는 시선이 싫다"며 "대부분의 중국인 유학생은 중상층 이상이라 중국에 집이 2~3채씩 있는 집 자녀인데 그런 우리를 전세, 월세에 사는 몇몇 한국인이 낮춰 볼 때면 당황스럽다"고 말했다.

중국인 유학생은 자신들의 어려움을 모른 척 지나가는 한국 대학에 대해서도 야속함을 느끼고 있다. 차이야징(蔡雅静·이화여대 3년) 씨는 "기숙사도 없고, 공부가 어려워도 물어볼 사람 하나 없어 아무리 열심히 하려해도 평균 C+ 이상 받기 어렵다"고 말한다. 대학 3학년까지 전공 수업에 적응하지 못하는 중국인 유학생은 낮은 학점과 불투명한 미래 때문에 유학을 포기하고픈 마음을 한번씩 갖는다고 한다. 현재 증권사에서 일하고 있는 스징원(施云·30·경희대 졸업) 씨는 "성취해야 할 목표를 잃고 한국 학생들과도 쉽게 어울리지 못하는 중국인 유학생을 볼 때마다 학교에서 조금만 신경을 써줬으면 하는 아쉬움이 든다"고 말했다.

중국인 유학생 관리 매뉴얼 없어

법무부출입국외국인정책본부 통계에 따르면 지난 10월 현재 외국인 유학생은 8만9,616명이고 그중 중국인 유학생이 6만7,031명으로 전체의 74.7%를 차지하고 있다. 올해를 기준으로 전국 4년제 대학 중 중국인 유학생 수(1497명)가 가장 많은 건국대를 비롯해, 중국인 유학생이 1,000명이 넘는 대학만 해도 경희대·상명대를 포함해 6개 대학에 이른다.

하지만 대부분의 대학에 제대로 된 '중국인 유학생 관리 매뉴얼'이 없다. 베이징과 상하이, 산동성 등에 입학 센터를 두고 현지에서 입학시험을 치르고 있는 한양대조차도 입학 후 오리엔테이션을 제외하고는 중국인 유학생들을 위한 특별한 서비스가 거의 없다. 학교 홈페이지를 중국어로 볼 수 있고 국제처에 중국어가 가능한 직원 4명을 둔 것이 전부다. 유학생 도우미 동아리 '한밀레'가 있지만 한국인 멘토 학생이 절대적으로 부족해 대다수 중국인 유학생은 참여할 수 없다. 지난 가을학기 전체 중국인 유학생 954명 중 멘토링에 참여한 인원은 50명 이내였다.

중국인 리춘스(李春逝·25·한양대 4년) 씨가 다니는 한양대 경영학과만 해도 중국인 유학생이 약 190명으로, 학부생 전체의 20분의 1 수준이다. 리 씨는 "중국 유학생들이 늘면서 오히려 한·중 학생 간 구분만 심화됐다"며 "하루 종일 한국말을 한 번도 하지 않고 지나가는 경우도 있다"고 말했다. 대학 4년을 마쳐도 한국을 제대로 알지 못하고 공부도 못한 채 중국으로 돌아가는 경우도 허다하다는 것이다.

학교 측 "너무 많아 관리하기 어렵다"

일부 대학에서 중국인 유학생들을 대상으로 멘토링 프로그램을 실시하고 있지만 형식적인 데 그치고 있어 실질적인 도움을 주지 못하고 있는 실정이다. 멘토링 프로그램을 실시하는 대학들은 대학 소속 언어교육원 등을 통해 입학 직후 1학기 정도 한국인 학생을 멘토로 소개시켜 준다. 하지만 멘토와 멘티가 만나 어떤 것을 해야 하는지 구체적인 내용이 없고 학생들의 자율에 맡기다 보니 문제가 발생한다.

많은 수의 중국인 유학생을 담당하는 대학 측도 어려움을 호소하고 있다. 경희대 홍보담당조교 남유진 씨는 "학교에 적응을 잘할 수 있도록 신입생 오리엔테이션, 학교 업무처리를 위한 통역 등을 지원하고 있지만 중국인 유학생 수가 많아지면서 일일이 관리하기란 한계가 있다"고 말했다.

정부 주도 표준유학관리법 절실

중국인 유학생을 지원하기 위해 정부가 나서 표준유학관리법을 제정할 필요성도 제기되고 있다. 호주의 경우 '유학생 교육 서비스(ESOS)' 관련 법률을 제정해 수업료 지원부터 대학별로 유학생에게 제공해야 하는 기본적인 서비스 등을 세밀하게 규정하고 있다. 일본의 대학들은 최근 들어 본국으로 돌아간 유학생을 초청하는 예산을 해마다 늘리고 있기도 하다.

하지만 우리나라는 정부 주도의 표준화된 유학 관리 서비스가 마련되어 있지 않은 실정이다. 교육과학기술부 이경민 주무관은 "표준업무처리요령이라 해서 기본적으로 유학생을 선발·지도하는 수준의 지침은 있지만 따로 법률로 정비된 것은 없다"고 말했다.

정부와 대학의 무관심 속에 많은 중국인 유학생이 한국을 떠나고 있다. 건국대의 중국인유학회 대표 왕차오(대학원 석사 과정) 씨는 "한·중 관계의 다리 역할을 할 인재들을 한국이 놓치는 현실이 안타깝다"고 했다. 왕씨는 "훗날 한국 대학 출신이 중국 중앙정보통상부에서 근무할 수도 있는 것 아니냐"며 "만약 그런 상황에서 연평도 포격 같은 사태가 터졌을 때 중국인 유학생 출신들이 큰 역할을 할 수 있지 않겠느냐"고 말했다. 중국인 유학생들에 대한 배려와 지원이 한·중 관계의 미래에 대한 포석이 될 수 있음을 강조한 말이었다.

감사인사(Special thanks)

재한 외국인유학생을 위한 <취업가이드>가 탄생하기까지 직·간접적으로 도움을 주신 아래 분들에게 진심으로 감사를 드립니다.

성명	소속	성명	소속
백아라	씨에이팜 해외사업본부 중국관리팀/주임	姜晓东	崇实大学/8学期/国际通商
김선영	신영증권애널리스트	宋金波	(株)大高 /企划管理部
김범수	우리은행 여의도기업금융지점장	朴仁金	信荣证券
김혜원	한국투자신탁운용 리테일영업부장	申东杰	友利投资证券投资银行部
고명옥	중국금융연구원 통번역센터실장	代乐	企业银行(中国)有限公司/副部长
이성철	김&장 법률사무소 위원 (前LG전자 인사담당)	金晖	韩国投资信托运用基金经理
원국희	고려용접봉 관리팀원	张玉安	一二三中国语学院讲师
赵润华	中国检验认证集团韩国公司 人事部/科长	崔靓华	时事中国语讲师
吴航宇	崇实大学/研4/国语国文	周燕	中国检验认证集团韩国有限公司/证书部代理
李晨	淑名女子大学	崔丽梅	国立国际教育院 外国留学生咨询中心导师
徐烨	梨花女子大学/5/国语国文专业		
王鑫	首尔大学/3学期/建筑学		
池红莲	中央大学/新闻放送专业/四年级		
姜琳	梨花女子大学/8/电视新闻		

한국회사 취업을 위한
실전가이드

<외국인유학생의 한국회사 취업하기> 독자 여러분께서는 한국회사 취업을 위해 어떻게 준비하고 계신가요? 많은 유학생들은 한국어 실력, 영어실력, 인턴 경력 등 3가지 요건만 갖추면 어느 한국회사에도 취업할 수 있을 것으로 생각하고 있습니다. 본서에서도 설명을 드린 바와 같이 위 3가지 요건을 갖추는 것은 필요조건이지 충분조건은 되지 않는다는 것입니다. 외국인유학생이 폭발적으로 증가함에 따라 취업 경쟁은 더욱 치열해지고 있으므로 위 3가지 요건과 더불어 종합적으로 준비해야 할 사항이 많습니다. 본서는 3개의 Step으로 구성되어 있으며, 각 Step을 통해 한국회사 취업개황을 이해하고, 업종별 취업전략 및 대표기업을 공부하며, 한국회사에서 요구하는 이력서, 자기소개서 및 면접 시 주의사항들을 간략하게 알려드렸습니다. 독자 여러분이 한국회사에 취업하기 위한 실질적인 도움을 드리고자 몇 가지 실질적인 조언을 해 드리겠습니다.

첫째, Step 1(취업 개황)을 통해 본인에게 적합한 직업이 무엇인지를 정확히 파악해야 합니다. 먼저 10년 후 유망한 직업을 고려하고, 직업 선택 시 체크리스트를 활용하여 본인의 역량에 맞는 직무를 파

악해야 합니다. 아무리 좋은 회사라 할지라도 본인의 역량에 부합하지 않고 본인이 좋아하는 직무가 아니면 쉽게 실망하게 됩니다. Step 2(업종별 취업전략)를 통해 진로와 취업에 대한 바람직한 취업전략을 구상해야 합니다. 바람직한 취업전략은 자신의 적성과 역량을 고려하여 목표를 설계하는 것입니다. 이를 위해 자신이 갖추고 있는 기본역량(Basic)과 기업에서 필요로 하는 핵심역량(Exciting)에 대한 객관적 평가를 실시합니다. Step 3(취업프로세스)를 통해 한국회사에서 필요로 하는 이력서, 자기소개서의 작성 방법과 면접 시 주의사항 등을 학습하시면 큰 도움이 될 것입니다.

둘째, 구직정보사이트를 적극 활용하길 권합니다. 중국인유학생의 구직 경로를 보면 대개 대학이 제공하는 구직 정보, 지인의 소개, 구직정보 사이트 활용 및 취업박람회 참석 등입니다. 교재에 첨부된 설문을 통해 알 수 있듯이 외국인유학생이 가장 희망하는 구직 경로는 구직정보사이트의 이용입니다. 물론 일반적인 구직 정보사이트는 많이 있지만 외국인유학생들이 손쉽게 이용할 수 있는 구직 사이트가 없기 때문에 유학생의 경우 사이트를 활용하는 데 어려움을 느끼고 있습니다. 이를 해결하기 위해서는 구직사이트를 자유롭게 활용할 수 있도록 한국어 수준을 높여야 합니다. 이를 통해 구직자와 채용 기업이 보다 쉽게 사이트에서 만날 수 있을 것이며, 이 사이트를 통할 경우 한국회사에 취업하는 데 많은 도움이 될 것입니다.

셋째, Step 3(취업 프로세스)를 통해 한국회사 취업 시 필요한 이력서, 자기소개서 및 면접 시 주의사항 등을 알아보았습니다. 우선 이력서, 자기소개서의 기본구조를 활용하여 직접 작성해보시기 바랍니다. 이에 그치지 않고 직접 선배를 찾아가서 검토를 받아보는 것을 적극 권장합니다. 마지막으로 면접 시의 복장, 태도 및 답변방식 등에 대한 검증을 별도로 받아보시기 바랍니다. 결국 한국회사는 한국의 문화를 추구하기 때문입니다.

지금까지 <외국인유학생의 한국회사 취업하기>의 Step별로 구체적인 조언을 드렸습니다. 이와 더불어 중국진출 한국 금융회사에 취업을 희망하는 중국인유학생을 대상으로 개설되는 <초급중국금융전문가 양성과정>을 부록 6에서 소개해 드리며 '한국회사 취업을 위한 실전가이드'를 마치고자 합니다.

금융연수원과 함께하는
〈초급중국금융전문가 양성과정〉 소개

<초급중국금융전문가 양성과정>은 중국에 진출한 한국 금융회사에 취직을 원하는 중국인유학생을 대상으로 개설됩니다. 이 과정은 한국 최고의 은행원 교육기관인 <한국금융연수원>이 교육프로그램을 지원해 줍니다. 우수한 중국인유학생 중 일정한 자격을 갖추고 면접을 통과하면 본 과정에 참여할 수 있으며, 본 과정을 이수한 유학생은 중국 진출 한국 금융회사 취직을 적극 알선할 예정입니다.

□ 교육대상자

한국 대학교에 유학 중인 중국인 졸업(예정)자 중 한글 구사능력, 영어 수준 및 학교 성적이 탁월한 자를 대상으로 하되 면접시험을 통과한 자로 함

(면접시험 참가자격 별도 선정: 상위 5% 수준)

□ 교육방법 및 일정

대상자: 年 100명(매회 50명×2회)

교육방법: 집합교육, 사이버교육

기간: 7주(매주 토요일 3시간: 오후 2~5시)

* 사이버교육은 교육기간 중 온라인으로 진행

□ 교육비용

별도 통보

□ 커리큘럼 안내

주차	구분	강의내용	강사진	장소
1	개강식	교육취지 및 방향 설명	중국금융연구원 대표	미정
	1강(2hr)	Vision 및 Career개발	커리어개발 전문가	
2	2강(1.5hr)	주요 중국금융법령 소개	현지실무 전문가	
	3강(1.5hr)	은행실무(여신/외환/수신) 제약사항	현지실무 전문가	
3	4강(1.5hr)	한/중 기업문화 차이	기업문화 전문가	
	5강(1.5hr)	인사예절 및 직무 에티켓	HR 담당자	
	과제물: 이력서, 자기소개서 웹사이트에 Upload			
4	6강(2.0hr)	이력서, 자기소개서 작성 방법	HR담당자	
	7강(1.0hr)	선배와의 만남	취업선배	
	과제물: 모의면접 준비(4명 1개조)			
5	8강(3hr)	모의면접 및 평가	모의면접관(3명초빙)	
	과제물: 효율적인 중국고객 유치방안 PPT 발표 준비(팀별)			
6	9강(3hr)	효율적인 중국고객 유치방안	발표(팀별)	
7	10강(2hr)	효율적인 중국고객 유치방안	발표(팀별)	
	종강식	수료식 및 우수자 시상	중국금융연구원 대표	
교육기간중	20차시	중국금융의 이해 (금융연수원 시행)	이창영 박사외 1인	사이버 강의

1. 1~7주차 강의는 집합교육임
2. 과정명과 강사는 일부 변경될 수 있음
3. 금융연수원이 제공하는 과정은 사이버강의로 집합교육 기간 중 진행됨
4. 수료자격은 80%이상 출석한 자로서 사이버연수를 이수하고 일정 득점 이상자로 함
5. 2부(사이버교육)는 중국인유학생을 위해 한국금융연수원에서 무상으로 지원하는 것임

* 사이버강의 소개

과정	중국금융의 이해
연수목적	중국 금융제도의 변천과정과 특징, 중앙은행과 금융감독기관 및 지급결제제도 등의 금융하부구조, 은행·증권사·보험사 등을 포함하는 각종 금융기관, 화폐시장·자본시장·보험시장 등 중국금융시장에 전반에 대한 체계적인 이해
연수대상	중국진출 한국금융회사에 취직을 원하는 중국인유학생
연수기간	1개월
연수내용	1차시 중국금융제도의 특징 2차시 중국 중앙은행의 역할과 독립성 3차시 중국의 금융감독제도 4차시 중국 은행의 종류 및 업무 5차시 중국 증권회사의 특징 및 업무 6차시 중국 보험회사의 특징 및 업무 7차시 중국 자산운용사의 특징 및 업무 8차시 기타 금융기관의 종류 및 업무 9차시 보조금융기관의 종류 및 업무 10차시 중국 주식시장의 주요특징 및 이슈 11차시 중국의 주식 종류 12차시 중국 증권보조기관의 종류 및 업무소개 13차시 중국의 채권시장 및 화폐시장 14차시 중국의 보험시장의 현황과 발전 전망 15차시 중국의 외환시장의 발전과정 16차시 중국의 환율제도 17차시 신용카드 업무소개 18차시 중국의 사금융시장 발전과정 및 현황 19차시 중국금융 관련 주요법규 20차시 중국금융시장 최근 이슈

연락처: 중국금융연구원 02)783-9669, 중국인유학생 금융트레이닝스쿨: café.naver.com/csfts

* '중국인유학생 금융트레이닝스쿨' 안내

사이트	사이트 주소	비고
중국금융연구원 (중국인유학생 취업/채용센터)	www.cfikorea.com	교재 설명, 중국인유학생 금융트레이닝스쿨 소개
금융트레이닝 스쿨	café.naver.com/csfts	트레이닝 스쿨 온·오프라인 활동 취업/채용 정보 등재
한국금융연수원	www.kbi.or.kr	강의문의: csftsl@gmail.com

참고자료

김우종, 한국과 일본의 중국인 유학생 유치전략 비교연구, 한국무역협회, 2011
문흥호, 재한 중국유학생 취업실태 조사 및 관리시스템 구축, 경제·인문사회
　　　연구회, 2011
박혜숙, 국내 대학생과 재한 중국 유학생의 대학생활 만족도 비교, 교육과학
　　　연구 제41집 제3호, 2010
안인해, 중국 해외유학의 전개과정과 국가정책, 중국학논의 제25편, 2009
전북발전연구원, 전라북도 중국유학생 유학실태 분석 및 지원방안 연구, 2012
호세전·구기보, 중국유학생의 한국 유입 급증에 따른 대안 모색, 한중사회과
　　　학연구 제8권 제3호, 2010
2011~2012 진로가이드, 한국외국어대학교
2012 면접가이드, 한국외국어대학교
2012 진로가이드, 숭실대학교
2012 진로취업가이드, 건국대학교
2012 직무가이드, 숭실대학교
2012 취업가이드, 숭실대학교
2013 커리어 가이드북, 중앙대학교

이창영 ─────────────────────────────

　중국금융연구원 대표

홍영성 ─────────────────────────────

　중앙대학교 박사생

추이센송(崔賢松) ─────────────────

　숭실대학교 박사생

외국인유학생의
한국회사 취업하기

초 판 인 쇄 | 2013년 5월 20일
초 판 발 행 | 2013년 5월 20일

지 은 이 | 이창영 · 홍영성 · 추이센송
펴 낸 이 | 채종준
펴 낸 곳 | 한국학술정보㈜
주　　소 | 경기도 파주시 문발동 파주출판문화정보산업단지 513-5
전　　화 | 031) 908-3181(대표)
팩　　스 | 031) 908-3189
홈 페 이 지 | http://ebook.kstudy.com
E - m a i l | 출판사업부　publish@kstudy.com
등　　록 | 제일산-115호(2000. 6. 19)

ISBN　　978-89-268-4317-8 13320 (Paper Book)
　　　　978-89-268-4318-5 15320 (e-Book)

이담 Books 는 한국학술정보(주)의 지식실용서 브랜드입니다.